酒店营销实务

姚君虹 ◎ 著

云南出版集团 云南美术出版社

图书在版编目（CIP）数据

酒店营销实务 / 姚君虹著 . -- 昆明 : 云南美术出版社 , 2020.1
ISBN 978-7-5489-3577-3

Ⅰ . ①酒… Ⅱ . ①姚… Ⅲ . ①饭店—市场营销学 Ⅳ . ① F719.2

中国版本图书馆 CIP 数据核字 (2018) 第 301779 号

出 版 人：李　维　刘大伟
责任编辑：吴　洋　陈铭阳
责任校对：郑涵匀　张京宁
装帧设计：李　静

酒店营销实务

作　　者	姚君虹　著
出版发行	云南出版集团
	云南美术出版社
地　　址	环城西路609号24-25楼
印　　装	朗翔印刷（天津）有限公司
开　　本	710mm × 1000mm　1/16
印　　张	7.5
版　　次	2020年1月第1版
印　　次	2020年1月第1次印刷
印　　数	1~1000册
书　　号	ISBN 978-7-5489-3577-3
定　　价	45.00元

前 言

自 2001 年中国加入世界贸易组织以来，旅游业便蓬勃发展起来，带动了酒店业参与到市场竞争中来。随着中国市场经济逐渐与世界经济接轨，中国的市场经济呈现出多元化的发展态势，特别是酒店行业，在世界经济发展中面临着前所未有的机遇的同时，也面临着严峻的挑战。在这样一个知识经济的时代，酒店营销策略逐渐从原有的价格营销上升到了品牌文化营销，现代的酒店要想在同行业中占有绝对的优势，就需要以市场需求为导向，制定系统化的市场营销策略。因此，树立良好的酒店品牌战略已成为提高酒店竞争力的有效途径，酒店为了提高自身的竞争力，开始启动服务管理机制。以服务作为营销手段，依赖于提供优秀的服务促进酒店事业的发展，以利于酒店在激烈的行业竞争中获得保证。

本书以酒店的营销策略和发展方向为中心，对我国现代酒店管理方面的营销现状和市场环境做了详细的调查和分析，主要内容包括：酒店营销的概述、酒店营销市场调研与分析、酒店的内部管理、酒店与客户的关系管理、酒店产品的开发与销售等。在多媒体的社会竞争环境下和客户追求高质量、高品位服务的社会背景下，本书详细地叙述了一系列新的营销策略和管理方式。由于编写时间紧迫，书中难免存在不足，敬请谅解。同时，期待各位同行和广大读者的批评指正。

目录 / CONTENTS

第一章 酒店营销概述

第一节 酒店营销的内涵与特点

一、酒店营销的内涵与特点

（一）酒店营销的内涵

酒店就是服务客户的，所以酒店管理中的营销从广义而言就是服务营销。酒店服务营销就是将服务纳入酒店管理当中，将服务作为一种无形的营销方式，在酒店与顾客之间建立起密切的关系，以形成解决顾客问题的系统化行为。营销的概念在酒店管理层面已经被延伸到酒店与客户之间建立起长期的战略关系当中。服务营销理念中，酒店员工、有形资源、顾客等资源都被纳入酒店的服务系统中实施动态管理，服务被看作一种服务产品，酒店通过建立服务管理模式，以提供住宿为核心，通过各种附加的服务吸引客户。与此同时，还将客户列入消费者行列中。服务营销作为全面的营销职能，它是由服务产品的特点来实现营销功能的。

由此可将“酒店营销”定义为酒店营销管理者将酒店现有的资源进行整合，不断提高服务质量和产品形象，同时利用传播、沟通等手段深入了解客人需求，通过客人主动购买行为实现酒店经营目标的过程。

正确认识和理解酒店营销的含义，应把握三点：

1. 酒店营销的出发点是创造客人

创造客人，就是根据目标市场客人的需求，有针对性地提供产品和服务，培养客人与酒店的感情和忠诚客户，使客人主动购买产品并同时获得物有所值的感受。

2. 酒店营销的重点是不断达成供需双方之间的交易行为和过程

酒店营销的重点就是正确运用营销策略和手段。包括：瞄准目标市场，做好市场开发和客源组织，吸引客人来酒店消费；提供优质产品和服务，随时分析市场反馈信息，掌握客人需求变化及其对产品和服务的意见、要求和建议。不断调整产品和服务，使酒店营销和内部管理与服务形成良性循环，保持市场供给和市场需求的最佳组合。

3. 酒店营销的目的是使双方受益

酒店营销从经营者的角度分析，其主要目的是：（1）提高设备、设施的利用率，获得良好的经济效益；（2）提高服务质量，提供优质产品和服务，满足客人的消费需求，获得良好的社会效益；（3）在经营过程中创造良好的消费环境，获得良好的环境效益，确保酒店营销活动的顺利开展。从消费者的角度分析，其主要目的是：（1）使客人获得满意的酒店产品和优质服务；（2）使客人能利用酒店开展经营活动，获得经济效益。所以，酒店营销的目的是创造客人，使酒店经营者和客人都能获得各自的利益。

（二）酒店营销的特点

酒店营销不仅是企业的销售活动，而且是酒店整体的营销战略及实施，是酒店产品开发、价格制订、分销与促销等运营的全过程。现代酒店营销已经成为酒店营销或酒店集团的整体奋斗目标和努力方向，酒店的一切营销活动都是围绕市场和产品而展开，都是为了潜在的交换以及与顾客达成交易而展开的。因此，酒店不仅要制订好近期的营销计划和落实好一系列的营销活动，而且要着眼于企业未来的生存和发展及适应未来环境的变化，是酒店立足长远、获取长期利益的经营活动。酒店各种经营要素的安排，各种经营方针和策略的制订都要为实现酒店经营目标而服务。同时，酒店营销人员应当认识到满足顾客的需求与实现企业利润和营销效果的一致，以及顾客需求与企业盈利的依存关系。根据调查，酒店市场的需求满足性越高，其盈利水平就越高。因此，酒店必须发挥企业自身的优势，做到知己知彼，才能取得营销的成功。现代酒店市场营销必须具备创新意识并付诸行动。随着时间的推移，酒店的市场需求在不断变化和发展，竞争对手和市场上的新产品在不断出现，因此，酒店只有不断创造出更加舒适的房务产品、更加实用的会展产品、更加安全和具有特色的餐饮产品、更加满足顾客需要的环境和设施，才能在市场竞争中取胜。

酒店产品是有形设施和无形服务的结合，它不是单纯以物质形态表现出来的无形产品。酒店产品的市场营销，具有综合性、无形性、易波动性、时效性等特点。酒店的营销要根据其特点，有效地组织相应的市场营销，以追求最高效益。

1. 综合性

顾客对酒店的需求，除了基本的食宿外，还包括购物、娱乐、信息交流、商务活动等综合需求。由于生产和消费同步，酒店产品无法得到大量生产，它只能在需求确定的情况下，被逐个地、有针对性地生产出来。

顾客直接参与到生产的过程之中，可以简单地观察到服务过程。现代酒店营销与酒店各部门的员工密切相关，只要一名员工的服务使宾客不满意，就会造成“100–1=0”的后果，顾客可能会对酒店产品的产出产生负面的影响，使管理和营销更加难以控制。

2. 无形性

服务是酒店的主要产品，酒店所有的产品都伴随服务出售。对酒店产品质量的评价，取决于顾客对由服务支配的酒店产品的主观感受。酒店产品被顾客购买后，只是在一定时间和空间拥有使用权，而无法占有它们。

顾客在购买酒店的产品之前，不可能知道服务的好坏。这样，酒店的营销人员就要尽可能与顾客进行沟通，通过一些实物，如小宣传手册、纪念品等，使顾客在酒店得到的服务有形化，达到宣传的效果。同时，要注意酒店在营销活动有形化过程中，承诺要和实际相符，以防止顾客对酒店期望过高所带来的不利影响。

3. 时效性

酒店产品的时效性，也称为“不可储存性”。酒店的营销人员首先要面对的问题就是服务无法被储存。如果客房卖不出去的话，就无法像其他产品那样可以放进库房。而且，如果酒店的服务发生失误，服务的弥补是十分关键的。在酒店中，这些压力往往由营销人员来承担。所以，酒店要通过一些策略，如降价、促销、赠送甚至免费等方式来加强自身产品的销售，弥补不可储存性带来的问题。

4. 易波动性

主要指季节性波动，即酒店的淡季和旺季。另外，酒店的经营受政治、经济、社会及自然因素的影响很大。

5. 不可分离性

酒店的产品要想被顾客获得，顾客需要来到酒店去接受服务。所以，酒店的选址应该相对分散，以使“服务半径”效应发挥到最大。

二、酒店营销的任务

酒店营销是一项复杂而细致的工作，其任务主要包括：

（一）确定营销目标

酒店营销目标包括市场目标、质量目标和销售量目标。市场目标的确定方法是在市场调查的基础上进行市场细分，确定市场范围和领域及主要目标市场，做好市场开发和客源组织、客源构成、产品价格安排等。质量目标则根据所选择的目标市场、客人的消费需求，确定产品质量和服务质量必须达到的水平及质量管理的方法和措施。销售量目标包括客房、餐饮、商品和娱乐等销售收入。通过营销预算，确定客房出租率、平均房价、客房销售收入、接待就餐人次数、人均消费额、食品饮料收入、商品及娱乐收入等指标，形成酒店销售部和其他部门的工作目标。

（二）选择营销策略

酒店营销策略包括产品策略、价格策略、渠道策略、促销策略、形象策略、各种具体销售手段和方法等。营销策略的选择要根据市场目标、客人需求变化和市场竞争来确定。

（三）广泛组织客源

客源组织主要通过销售部、前厅部深入客户和客源机构进行推销，不断扩大客源市场，定期检查销售结果，随时根据市场竞争、市场动向及其发展变化，调整销售手段、产品价格，提供优质服务，从而吸引客人前来消费。酒店各部门只有做好质量管理，提供优质服务，才能满足客人的消费需要。

三、酒店营销的管理体制

酒店营销管理体制是对酒店市场开发、客源组织、产品销售等组织领导工作及管理制度做出的规定。现代酒店营销应建立健全总经理负责、销售部为龙头、业务部门配合、专业化服务为质量保证的市场营销管理体制和工作体制。具体包括:

（一）酒店营销领导工作

酒店营销是酒店各项业务开展的龙头，关系到酒店经营管理的全局。因此，酒店营销领导工作必须坚持总经理或主管副总经理负责制，其主要职责是研究制订市场营销方针、营销策略、市场目标、产品价格，做好市场营销预算，为酒店的市场开发、客源组织及部门营销活动的开展提供具体的目标。

（二）酒店营销的客源组织

酒店营销部门要贯彻酒店营销方针、营销策略，配备专职市场销售代表，深入各旅行社、旅游公司、政府机构和企事业单位等客源机构，广泛联系客户，组织客源，实现酒店产品的销售。

（三）酒店营销的质量保证

酒店营销以满足客人的需求为中心，集中表现为酒店的产品质量和服务质量是否符合客人的消费需求。酒店各部门只有掌握了客人的消费需求、消费心理，并有针对性地提供优质产品和服务，赢得客人的信赖、好感与支持，才可以提高酒店的市场声誉，树立好酒店的形象，吸引回头客和增加新客源。所以，酒店各部门的业务工作以及和营销部门的配合，既是酒店营销的质量保证，又是酒店营销管理体制的重要组成部分。

四、酒店市场营销管理的功能

（一）发现和了解酒店顾客的需求

现代市场营销观念强调市场营销应以顾客为中心，酒店也只有通过满足顾客的需求才可能实现酒店的目标。因此，发现和了解顾客的需求是酒店市场营销的首要功能。

（二）指导酒店进行决策

酒店要谋得生存和发展，要重视做好经营决策，酒店决策正确与否是其成败的关键。酒店通过市场营销活动，分析外部环境的动向，了解顾客的需求和欲望，了解竞争者的现状和发展趋势，结合自身的资源条件，指导酒店在产品、定价、分销、促销和服务等方面做出相应的、科学的决策。

（三）开拓酒店市场

酒店市场营销活动的另一个功能就是通过对顾客现在需求和潜在需求的调查、了解与分析，充分把握和捕捉市场机会，积极开发产品，建立更多的分销渠道及采用更多的促销形式，开拓市场，增加销量。

（四）满足酒店顾客的需要

满足顾客的需求是酒店市场营销管理的出发点和中心，也是市场营销的基本功能。酒店通过市场营销活动从顾客的需求出发，并根据不同的目标市场，采取不同的市场营销策略，合理地组织酒店的人力、财力、物力等资源，为顾客提供适销对路的产品，搞好售后服务，让顾客满意。

五、酒店营销模式的四个阶段

（一）“4P”的应用阶段

酒店市场营销是由产品（Product）、价格（Price）、渠道（Place）、促销（Promotion）四个营销要素组合形成的酒店市场营销方式。“4P”市场营销组合是1960年美国著名市场营销学家杰罗姆·麦卡锡在前人理论的基础上提出的。酒店“4P”市场营销组合的每个变量又包含了若干个分变量：产品中包含实体产品、服务、包装、品牌等；价格有挂牌价格、折扣价格、付款方式、付款期限等；销售渠道中包含营销通路、存货、运输等；促销中包含广告、推销、营业推广、公共关系等。这样的组合具有可控性、动态性、整体性。

（二）“4C”的应用阶段

“4C”指消费者（Customer）、成本（Cost）、便利（Convenience）、沟通（Communication）。传统的“4P”市场营销理论强调产品、价格、渠道、促销，认为酒店只要围绕四个因素制订灵活的市场营销组合策略，产品的销售就有了保证。但是，随着经济的发展，酒店市场营销环境发生了很大的变化，于是“4C”理论应运而生。“4C”市场营销组合理论是美国营销学家罗伯特·劳特伯恩于1999年提出的，该理论强调酒店所有部门为服务于顾客利益而共同工作时，其结果就是整体营销，其意义就是强调各种要素之间的关联性，要求它们成为统一的有机体。“4C”是强化以消费者要求为中心的营销组合，“4C”理论的内容包含：创造顾客比创造产品更重要；成本包括产品成本、顾客购买成本；便利是指方便顾客，维护顾客利益，为顾客在购买前、中、后提供尽可能多的全方位服务；沟通强调酒店与顾客的双向沟通，主要是协调矛盾、融合感情、培养忠诚度。

（三）“4S”的应用阶段

“4S”分别是：满意（Satisfaction），指顾客满意，强调酒店以顾客需求为导向，以顾客满意为中心，酒店要站在顾客的立场上考虑和解决问题，要把顾客的需要和满意放在一切考虑因素之首。服务（Service），指随时以笑脸欢迎客人，因为微笑是诚意最好的象征，服务内容包括精通业务工作；对顾客态度亲切友善；将每一位顾客都视为特殊和重要的人物；要邀请每一位顾客下次再度光临，酒店要以最好的服务、优质的产品、适中的价格来吸引顾客再度光临；要为顾客营造一个温馨的服务环境，要求酒店文化建设加大力度；营销人员用眼神表达对顾客的关心。速度（Speed），指不让顾客久等，能迅速地接待、办理。诚意（Sincerity），指以具体化的微笑与速度行动来服务客人。“4S”强调酒店要关注顾客，即全面推行“宾客至上”的经营宗旨，酒店必须时时处处以顾客为中心，把满足顾客需求视为第一工作任务，要求酒店对产品、服务、品牌以及综合性消费指数和消费者满意度不断进行定期定量测评与改进，以服务品质最优化，使消费者满意度最大化，进而达到消费者忠诚的“知名度”，同时强化酒店抵御市场风险，经营管理创新和持续稳定增效的“三大能力”。

（四）“4PCS”的有机结合应用阶段

“4PCS”的有机结合应用，是以酒店为中心的市场营销管理理念。市场营销理论的中心是满足消费者的需求与欲望，进而实现酒店的利润目标。酒店往往出现这样的现象，即在满足个人需求时，与社会公众的利益发生矛盾，酒店的营销努力可能不自觉地造成社会的损失。市场营销观念虽也强调消费者利益，不过它认为谋求消费者的利益必须符合酒店的利润目标，当二者发生冲突时，保障酒店的利益要放在第一位。社会营销观念对市场营销观念做了许多修正，采取积极的以消费者为中心的措施，不是把利润摆在第一位。“4PCS”的营销管理理念的核心是要正确处理好酒店、顾客和社会三者之间的利益关系，最终实现酒店目标。所以，酒店要满足顾客，实现营销目标，不能孤立地只是考虑某一因素和手段，必须从目标市场需求和营销环境特点出发，根据酒店特点、资源和优势，综合应用各种营销手段，形成统一的、配套的营销战略，使之发挥整体效益，争取最佳效果。

第二节　当前酒店营销的发展趋势

一、我国酒店营销发展的四个阶段

（一）数量中心阶段

中国改革开放后，海外游客蜂拥而至，而当时的接待能力明显不足，很多酒店把办公室改为用于接待客人的房间，一个城市也只有几家饭店，因此只要想方设法占有资源，那时的酒店就能够取得丰厚的利润。在数量中心阶段，酒店对服务质量的要求不是很高的。

（二）产品质量阶段

看到投资酒店有利可图，于是很多地方争相建造酒店，一批批酒店拔地而起。酒店多了以后，人们开始有所选择，酒店之间也开始竞争，很多管理者意识到“要以质量求生存”，所以，原来酒店服务质量和菜品质量都不好的状况得到了很好的改善。

（三）酒店形象阶段

随着人们生活水平的不断提高，人们对酒店的选择上也有了观念上的转变，人们去酒店消费，已不仅仅是一般的请客或充饥，而主要是去享受，酒店业开始注意到硬件已不是取胜的唯一手段，建立品牌、树立酒店形象的时代到来了。

（四）营销定位阶段

国内许多酒店忽视酒店的客源构成，没有固定的市场定位，造成酒店既不能确定有序的价格体系，也不能确定酒店的目标市场以及需要为该市场提供的所需服务和附加价值。营销定位要求酒店根据目标市场上同类酒店的竞争状况，针对顾客对酒店产品某些特征或属性的重视程度，为酒店塑造鲜明的个性。市场定位是一个酒店一切经营工作和管理工作的前提，每一名酒店管理者，特别是市场销售部经理，必须清晰地把握酒店在市场中的位置，全面客观地分析酒店产品的特点和经营目标，了解当地的客源市场和目标市场，极大地提高酒店在特定目标市场中的占有率。

二、新媒体条件下的酒店营销

伴随着新的经济环境的变革，新媒体出现在人们的视线之中。新媒体以其便捷的使用方式与快速的信息传递改变了已有的传播环境，建立了新的媒介交流环境。在酒店企业营销中，网络新媒体的运用提高了传播效率，改变了传统的酒店营销模式。在传统酒店营销管理中，酒店业务销售人员通过电话联系、登门拜访进行酒店企业销售，而在新媒体环境下，酒店企业销售在营销活动中借助新的媒介方式，掌握行业先机，成功完成营销任务。目前携程网、艺龙等一系列酒店第三方服务代理商，通过新媒体营销方式，建立互联网网站站点，宣传酒店企业形象，还能通过微信营销与微博营销，建立营销传播方式，帮助酒店企业在竞争中脱颖而出。

（一）营销网络化与国际化

网络为现代酒店营销活动创造了新的空间。在互联网条件下，酒店的营销环境已经从传统的依赖现实资源的实体经济向以信息资源为主体的网络经济转变。一种新的营销模式——网络化营销（On-line Marketing），正在改变现代酒店营销的法则。首先，通过网络，酒店可以向位于世界任何地方的客人提供全天候的产品信息，客人无须离家或离开办公室就可以获得大量的有关集团、酒店产品和竞争者的信息。他们可以把注意力集中于客观的判断标准上，而无须面对营销人员，从而可以避免各种劝说的影响和情感的因素，这是以往任何传播媒介都无法做到的。其次，它突破了双向沟通与单向沟通的界限。此前酒店与客人的双向沟通必须由营销中介来完成，与客人群体的单向沟通则要借助大众传媒，而互联网同时具备以上两种功能。比如，推广酒店产品或服务时不需要与客户面对面地进行，而是借助电脑在互联网上与客户沟通；客户则可以利用互联网及多媒体手段主动与酒店建立互动式的商业关系；最后，网络化营销模式完全在网络上进行，极大地降低了沟通成本。

信息技术将全球融合为一个巨大的、没有时空差异的统一市场。随着自由贸易区域的扩大和各国政策法规对外国投资的放宽，可以预计未来的全球市场将进一步统一，所有的酒店不仅要面临来自本国的市场竞争，更要接受国外强大竞争者的挑战。

（二）品牌化营销

在酒店市场上，“假日”“喜来登”“希尔顿”“雅高”“地中海俱乐部”“香格里拉”等品牌对客人具有磁石般的吸引力。现代酒店如果能培育出被市场认可的国际品牌，就等于占领了酒店市场竞争的制高点，可见，打造知名品牌已成为酒店营销的重要任务。

品牌就是一种理念。虽然理念的形成是一项缓慢的系统工程，但是一旦形成就很难更改，所以酒店要重视这种理念的竞争。乘坐过新加坡航空公司航班的许多乘客，都认为那是他们生命中非常值得留恋的美妙时光。新加坡航空公司不是大公司，恐怕也永远成不了世界性的大公司，但它无疑是世界上最好的航空公司之一，其根本原因就在于新加坡航空公司的员工一贯秉持的理念是：待客人如亲人。这种理念深入骨髓、溢于言表，体现在员工的举手投足之间。因此，从本质上来说，品牌营销并非一种策略，而是一种基本的态度，是一种信念。

未来的酒店营销是品牌的营销，酒店要拥有自己的市场，就必须拥有占主导地位的品牌，品牌既是酒店综合竞争力的体现，也是酒店立足市场的基石。只有在酒店营销工作中进行准确的品牌定位，才能在客人心目中树立有价值的地位。

什么是品牌营销？品牌营销（Brand Marketing）是指酒店通过利用客人的品牌需求，创造品牌价值，最终形成品牌效益的营销策略过程。或者说，它是通过运用各种营销策略使目标客户形成对酒店产品和服务品牌的认知过程。品牌营销从高层次上把酒店的形象、知名度、良好的信誉等展示给客人，从而在客人的心目中形成酒店产品和服务的品牌形象。简单地说，品牌营销就是把酒店的品牌深深地印入客人的心中，使顾客一见到或听到某个酒店品牌，便会对其形成一种认识，如“香格里拉”“希尔顿”等。

品牌营销的前提是产品要有质量上的保证，这样才能得到客人的认可。品牌是建立在有形产品和无形服务的基础上的。有形产品是指产品的新颖度、独特设计，以及富有吸引力的名称等，而无形服务是指在营销过程中或售后服务中给客人满意的感觉，让客人真正体验到做“上帝”的幸福感，让客人始终觉得选择购买这种产品和服务的决策是对的，买得放心、用得舒心。从技术层面上看，目前市场上酒店产品的质量其实已经没有太大的差距，但从客人的角度来看，酒店所能提供的服务多寡和体验效果的好坏仍然存在差距，而这正是客人所看重的。因此，从长期竞争来看，建立品牌是酒店发展的必然途径。

品牌不仅是酒店、产品、服务的标识，更是一种反映酒店综合实力和经营水平的无形资产，在商战中具有举足轻重的地位和作用。对于一个酒店而言，唯有运用品牌、操作品牌，才能赢得市场。现在，国外跨国公司与知名品牌已大举进入我国市场，国内酒店和产品与世界知名品牌酒店和产品在同一市场角逐，产品的竞争实际上已过渡到品牌的竞争。因此，积极开展品牌营销，实施品牌战略，提高产品知名度，已成为国内酒店营销的当务之急。

品牌营销的策略主要包括品牌个性、品牌传播、品牌销售和品牌管理四个方面：

品牌个性——BP（Brand Personality）：包括品牌命名、包装设计、产品价格、品牌概念、品牌代言人、形象风格和品牌适用对象等。

品牌传播——BC（Brand Communication）：包括广告风格、传播对象、媒体策略、广告活动、公关活动、口碑形象和终端展示等。

品牌销售——BS（Brand Sales）：包括通路策略、人员推销、店员促销、广告促销、事件营销和优惠酬宾等。

品牌管理——BM（Brand Management）：包括队伍建设、营销制度、品牌维护、终端建设、士气激励、渠道管理和经销商管理等。

（三）个性化营销

个性化营销（Personalization Marketing），就是酒店直接服务客人，并按照客人的特殊要求定制个性化的产品和服务的新型营销模式。它避开了中间环节，注重产品和服务的创新设计、服务管理、资源的优化整理，实现市场的快速形成，是酒店打造核心竞争力的有力武器。特别是随着信息技术的发展．个性化营销的重要性日益凸显。比如，客人可以在任何地方、任何时间将自己特殊的需求利用互联网便捷地告知酒店，而酒店也可以随时通过互联网了解和跟踪客人的需求反馈。

酒店的个性化营销把对人的关注、人的个性释放以及对人的个性需求的满足推到空前重要的地位，酒店与市场逐步建立一种新型关系，并建立客人数据库和信息档案，与客人建立更为个人化的联系，及时地了解市场动向和客人需求，向客人提供一种个人化的营销和服务。与此同时，客人根据自己的需求提出对产品与服务的要求，酒店尽可能按客人的要求进行生产，迎合客人的个别需求和品位，并应用信息，采用灵活战略适时地加以调整，以生产者与消费者之间的协调合作来提高竞争力，以多品种、中小批量混合生产取代过去的大批量生产，这样有利于减少中间环节，降低营销成本。个性化营销最终要实现的目标是为单个客人定制产品或提供定制服务。

与传统的目标营销相比，个性化营销具有以下明显的优势：

1. 更加充分地体现了现代市场营销观念。现代市场营销观念就是“一切以客人为中心”的思想。

2. 增强企业市场竞争力。个性化营销是根据自己的个性化需求自行设计、改进出来的产品，是顾客最满意的产品。

3. 最大限度地满足消费者的个性化需求。

4. 能带动企业提高经济效益。

由于和消费者保持长期的互动关系，因此，企业能及时地了解市场需求的变化，有针对性地组织原料、安排生产，不会造成产品积压。另外，个性化产品为产品需求价格增加了弹性，使售价提高，从而提高了单位产品的利润，企业经济效益自然实现了增长。

三、当前我国酒店营销中存在的问题

市场营销策略虽然已经在酒店管理中兴起，但在我国的时间并不长，再加上国内没有成熟的酒店市场营销策略人才培训机构，国内酒店的市场营销策略大多都是模仿学习国外知名酒店的市场营销方式。但由于国外酒店的目标消费群体与我国酒店的消费群体存在着很大的区别，而我国的酒店管理者未能把借鉴来的营

销策略与我国的消费现状紧密结合，导致国外酒店的市场营销策略不完全适合国内的酒店市场，依然有很多问题存在。

（一）缺乏专业化、规范化的市场营销策略

由于我国酒店的市场营销人员教育水平不一，缺乏专业的管理人才，一直处于模仿、借鉴国外酒店的市场营销策略的阶段，没有形成自身的专业化、规范化的市场营销策略和思路，导致国内酒店市场营销效率不高、管理方式落后，甚至造成很多酒店刚营业不久就关门大吉的现象。

（二）酒店广告雷同现象严重，缺少差异化

媒体广告是现代酒店市场营销中的主要策略之一,通过丰富多彩的广告制作，选择适合自身目标群体的传播媒体予以传播，以达到酒店服务的传播性目的。但是基于国内酒店的各项服务大体相同，如餐饮、聚会、住宿、宴会、婚礼等，以至于国内的酒店广告制作雷同现象十分严重，缺少酒店的特色宣传，各个酒店之间除了价格、周围设施以外没什么区别，缺乏差异化，不能突出酒店自身的优势。

（三）酒店公关营销制度不完善

公关营销也是现代市场营销策略的主要内容之一。以酒店管理中的公关营销为例，就是通过合理地开发对酒店市场发展有利的各项资源，综合利用各项有利资源，达到酒店市场发展的最大化、成本的最低化、实现利润最大化的一种营销手段。只是目前我国除了一些大型的星级酒店以外，国内的中小酒店市场营销中的公关营销制度普遍不完善，只是注重某一方面资源的开发，不能做到酒店各项资源的综合开发和利用，导致大量对酒店发展的资源浪费，像国内酒店管理人员普遍重视对政府关系的公关开发，几乎每个月都会派遣工作人员与相关部门沟通，以获取对酒店发展有利的政策支持，而对于酒店的往来顾客却很少进行回访沟通。

（四）缺乏品牌化运作意识

品牌化营销策略对于我们来说并不陌生，现代的每个人都可以说出很多品牌，服装里有“老人头”“皮尔卡丹”“汽车里有奔驰”“宝马”，食品里有“康师傅”“旺旺”等。一说到这些品牌，我们往往可以想到它们独特的风味、优越的质量以及购买的放心。基于品牌化营销策略的这种消费心理，一些酒店也开始走品牌化的市场营销道路，比如香格里拉大酒店，以高端人士的聚会、宴会、商务

会议等服务为主，打造出了酒店自身的特色。时至今日，一些大型星级酒店确实做到了和“奔驰”“宝马”“康师傅”等品牌一样的境界，在激烈的酒店市场竞争中脱颖而出。只不过这些现象只是少数，我国大多数的中小酒店管理普遍缺乏品牌化运作意识，对酒店的特色认识不足，只是停留在简单豪华装修、精品餐饮以及配套娱乐、商务设施等硬件领域和改革管理上，没有形成品牌软件上的发展思路。

（五）尚未形成成熟的绿色服务

目前我国酒店经营目标尚未引进绿色思维方式，大多数酒店的营销目标还停留在刺激消费、追求消费者数量、提高酒店赢利水平上，而不是去寻求酒店利益、社会利益、生态利益的和谐统一，在营销手段上仍局限于传统方式，而对绿色酒店理念仅停留在表层，甚至许多酒店为了追求蝇头小利而使用劣质产品，用破坏环境的手段来节约成本，并没有意识到绿色营销方式的价值，也没有意识到绿色酒店的重要性。

绿色产品尚未成为酒店的首选产品。提供绿色产品主要表现为：开辟绿色客房、创办绿色餐厅、提供绿色服务、塑造酒店绿色形象、加强环境管理等方面。受多方面因素影响，我国绿色酒店产品仍处于浅层次、低阶段，尚未形成资源保护、绿色消费的营销原则。资源保护是可持续发展和绿色营销的原则之一，但我国许多酒店并未树立起正确的资源观，并未真正意识到绿色营销的前瞻性和重要性，从而导致许多资源被破坏，无法再生。同时由于我国酒店的“粗放式经营”和消费者的“炫耀型消费心理”，致使酒店资源浪费的现象比比皆是，每天都有难以计数的食物被倒掉、宝贵的水和电被空耗、各种洗涤用品被大量浪费等。

第三节　现代酒店的营销观念和竞争方式

一、现代酒店的营销观念

酒店营销观念是指酒店从事营销活动时所依据的行为准则，是酒店经营的哲学，是酒店如何处理企业、顾客和社会三者之间利益关系的指导思想。酒店营销观念的产生来自国际上整体市场营销观念并随其发展而发展。酒店营销观念的发展反映了社会生产力的进步以及酒店市场观念的发展，反映了社会生产力的进步以及酒店市场从以卖方市场为导向向以买方市场为主导的方向发展。

（一）正确选择目标市场，确定市场定位

酒店所有的经营活动都是围绕消费者而展开的，也就是说，酒店要先对市场进行充分的调研，之后再去选择适合自己的目标市场，确定好自己的市场定位，了解这些市场中现有顾客和潜在顾客的要求，设计有针对性的酒店产品，满足目标市场的要求，从而实现自己的经营利益。

顾客的身份不同，决定了他们所需要的服务不同。这就要求酒店营销管理者必须明确酒店的市场定位，尽量避免接待与自身定位不相称的客源。倘若需要同时接待不同类型或档次的客源，就应预先规范好不同客源的行进路线，通过开设专人引导、区分楼层等方法，尽量避免造成两类客源的冲突。如一些大型酒店，针对团队的服务特点，专门设立团队入住登记处，这样不仅方便和加快了入住登记的速度，而且避免了不同客源的服务矛盾。酒店只有根据自身条件，明确市场定位，才能更好地为每一个目标市场的客源制订适当的营销方案，提供规范的服务，提高顾客的满意度。

（二）竞争战略与定点超越营销观念

以往的传统营销理念是以消费者为中心，忽视了同行竞争者的营销策略和理念。而现代的酒店市场营销，其实质不仅是满足人类的需要和欲望，而且包括竞争企业间的营销策略和竞争手段。正所谓“知己知彼，百战不殆”，酒店经营者们在现代营销理念的指导下，注重去观察和分析竞争者，进而制订并实施一系列

制胜的营销措施，最终取得胜利。

为了有效地争夺市场，各酒店纷纷采用定点超越的最新理念。所谓定点超越理念，就是以有效的方法和手段与竞争者争夺市场，将自己与竞争者进行分析对比，将其中的领先者作为发展目标，并通过考察将其先进的经验移植到日常管理中去。通过学习，加强各部门对工作程序、操作流程的细化，奖励销售等，并进行质检监督。同时，考察周边地区的同级酒店，在营销过程中充分利用自身的强项。初步实践证明，定点超越的营销观念在现代酒店营销中的作用是不可低估的。

（三）顾客满意（CS）战略和服务营销

顾客满意战略——CS(Customer Satisfaction)在营销学中是一个比较新的概念，它是由日本企业率先提出的经营战略，其宗旨在于促使企业努力探索有效的经营途径，改善经营方式，针对需求个性化的发展趋势，采取相应的经营措施，在顾客满意中树立良好企业形象，增强竞争能力，使营销取得成功。就酒店而言，要使服务成为行之有效的营销战略，就要让顾客满意。顾客满意不仅增加了营业额，而且因为有良好的口碑，使顾客转化为潜在的业务广告员，节约了大量促销费用。

CS 战略是借助服务营销来实现的。随着市场经济的发展，酒店间的竞争日趋激烈，顾客的需求日益多样化，从而引起了产品结构和使用方法的复杂化，顾客对产品的“感觉风险”、购买前的疑虑感不断增加。而消除顾客“感觉风险”，提高顾客满意度的最好办法就是酒店为之提供产品实物形态以外的一系列服务。

服务营销既是产品概念的延续，也是 CS 战略实现的手段。因此，服务营销的内容、形式要与 CS 战略的要求相适应，这就需要酒店在产品售前、售中和售后以及在产品生命周期的投入期、成长期、成熟期和衰退期各阶段都要采取相应措施，并以服务营销质量为中心，施以全方位、全过程的控制。具体来说，全新的服务营销质量观，通常有以下四个方面：

1. 赢得顾客的满意

这是新服务质量观的基点，它要求顾客消费服务产品时无后顾之忧，主要包括在实施上没有不安全的顾虑，财务上没有风险，在服务的过程中及服务过后不让顾客产生困扰。

2. 追求无缺陷

所谓无缺陷（Zero Defect）未必缺陷绝对是零，而是以零为最终目标，来制订目前的目标，以便努力去实现，并在实现目标的过程中，对目标做出进一步的修订。这样看来，无缺陷并不是指技术而是一种管理哲学，服务质量的提高和保证是一个永恒的目标。因此，饭店不应浪费时间去推断能够达到何种水平，因为质量工作的目标永远是 100% 完美无缺陷的。

3. 三位一体的质量提高

这是新的服务观念的基本内容，这种思想在于确认强化服务质量贯穿酒店营销全过程。实际上，许多酒店未意识到服务质量的保证是分三种类型的：一是预防性的，如长期需求信息的调查、竞争对手及顾客评估等；二是监测性的，如产品质量的检验、服务的安排等；三是补偿性的，如重新设计产品和饭店形象等。传统的做法强调补偿性服务，而新观念却主张预防性、监测性和补偿性服务齐头并进，从而形成良性循环的服务质量保障系统。

4. 服务质量是酒店全员的职责

新的观念认为，服务渗透于酒店生产经营的全过程，要使酒店上下充满让顾客满意的酒店文化，要实现标准化、规模化的服务质量管理。

酒店企业营销战略的重点不仅在于掌握定价、分销、促销等非产品战术，更在于使其能预测顾客尚未能看到的需求，通过技术积累和创造来寻求酒店企业的长远发展。当然，创造需求并不是一种主观臆断，而是在顺应把握消费需求变动趋势的基础上，把遵循自然规律与经济规律统一起来。

创造需求的实现主要是通过创新营销来进行的。现代科学的发展，消费水平的提高，酒店市场环境的变化及竞争的加剧，都在推动以产品为基础的营销诸要素不断衍生组合。创造营销成为酒店适应衍生组合、求生存求发展的内在动力。所谓创新营销就是指酒店企业以在质上优于现有状态的新行为作用于经营活动，以期收到预定目标的创造性活动。创新主要是指产品创新、市场创新、技术创新、服务创新和管理创新，这五大创新涉及酒店生产经营管理活动的主要方面和主要过程。这五大创新所产生的联动效应，形成一种巨大的整体潜能，这是酒店企业降低和避开风险，谋求顺利发展的强大动力。

二、当前我国酒店营销的对策

（一）实施酒店营销特色品牌化和品牌延伸

1. 实施酒店营销特色品牌化

随着我国市场经济开放程度和市场化进程的日益深化，酒店之间的竞争已经成为市场竞争环境中不可忽视的一环。就目前来看，我国酒店已完全从国内竞争转向国际竞争。然而由于缺乏品牌优势，酒店的整体竞争力水平较弱。虽然我国酒店业已涌现出如“开元”“锦江”“白天鹅”等国内品牌，但相对于国际酒店品牌，如“希尔顿”“万豪”“凯宾斯基”等，我国酒店品牌之路可以说还有一段相当长的距离。同时，国际酒店具有资金、技术、管理、品牌等优势，而本土酒店在营销管理上就与国际酒店存在着巨大差距，尤其在对品牌管理和品牌战略的认识、了解和实际操作上仍然存在着诸多严重、甚至是致命的误区。随着国际酒店纷纷在中国驻扎，而我国还没有打造出一个个性鲜明、高威望、高价值感、高美誉度与忠诚度的强势大品牌，在国际竞争中已明显处于劣势。由此可知，我国酒店业只有实施特色品牌化才能与国际接轨。

2. 实施酒店营销品牌延伸

酒店品牌延伸是酒店企业在具备一定实力和条件的情况下利用其品牌资产来发展的战略。品牌延伸的目的是为了丰富酒店产品体系，形成品牌谱系，并通过品牌输出实现酒店集团化。当酒店品牌足够强大，拥有广泛的知名度，成为品牌资本时，通过顾客对品牌的“移情效应”，实现品牌延伸，面向不同的顾客群体，满足各类顾客的个性化需求。而要使品牌延伸获得成功，其核心品牌必须获得市场的充分认同，获得顾客的绝对信赖，酒店的实力也必须足够强大。通过品牌延伸不但能有效降低酒店的促销费用，大大提高新产品导入市场的成功率，还能强化核心品牌，对于酒店的发展具有重要的作用。

（二）加强实施酒店业的网络化营销

1. 建立酒店网络营销体系

要建立酒店网络营销体系，就必须根据客户需求、营销手段和网络技术不断优化和改进网站。网络营销是一项系统工程，要取得很好的网络营销业绩，酒店应该建立一整套网络营销体系，包括客房促销系统、网络预定系统、中央采购系统、资讯发布系统、在线客户中心、付费广告宣传（关键词广告、行业门户广告等）、网络公司合作、博客营销等。而要具体操作和运营这套网络营销体系，需要加强酒店员工对网络信息的管理，这就要求酒店经营管理人员不但要掌握科学的管理思想和管理方法来综合地运用企业资源，还要熟练掌握先进的计算机管理手段处理日益复杂的各种资源，正确、及时地对客源市场信息做出分析，并采取相应的反应决策，有效地服务企业的经营管理。

2. 实施企业联盟，加强网络化经营

随着信息技术的进步和管理水平的提高，酒店企业联盟逐渐兴起，比如随着网络技术的发展，许多中小型酒店加强合作，互相提供各种服务，进行技术交流，最大限度地使酒店资源得到了整合，这就形成了网络酒店。酒店联盟的目的主要包括降低成本、资源整合、分享技术、开发新产品打入新市场、进入资本市场融资等。联盟的方式可以从简单的销售、技术服务、合作开发，直至兴办合资企业。由于企业联盟完全是由企业之间按照自愿的原则签订协议组成的，各个成员企业都是具有平等地位的独立法人，所以它具有较高的灵活性，并且只需要较低的交易成本。可见，实施企业联盟，资源共用，不仅能降低营销成本，还能最大限度地实现资源共享、技术共享，在合作中进步。

（三）实施酒店业的绿色营销，走可持续发展道路

1. 树立正确的营销理念

市场营销理念作为一种有意识的经营实践活动，是在一定的经济基础上产生，在一定的经营思想指导下进行的，并随着社会经济的发展和市场形势的变化而变化。同时，在酒店经营过程中始终扮演着思想领导者、导向者的角色，它作为一种思想支撑，始终决定着酒店的决策方针和营销策略的建立和实施，所以，市场营销理念的正确与否对企业经营的成败，具有决定性意义。

2. 创建绿色企业文化，树立员工的绿色理念

创建酒店绿色企业文化，首先对环境保护要有足够的重视。在创造绿色文化的过程中，领导必须转变经营观念，要摒弃和转变认为环境建设与酒店无关，环境建设投资影响酒店经济效益的传统、落后的经营理念，要将可持续发展理念引入日常的经营管理之中，形成酒店发展的指导方针。

绿色企业文化的创建，要求酒店管理人员更加注重“人”的因素，注重和员工的沟通、教育和引导，增强员工“创绿”的自觉性和主动性。同时，也应和客人、供应商、社区、政府有关部门相互沟通，积极倡导环保理念，鼓励他们积极参与，通力合作，协助共建绿色酒店，进而为在酒店内形成一种绿色氛围达成共识。

3. 开发绿色产品，扩大产品宣传

开发绿色产品，首先要从产品的设计上紧紧抓住“绿色”这个主题，采用绿色环保的设计理念、清洁的生产工艺、低能耗的生产技术，同时要减少生产过程中污染物的排放；其次，在原料的使用上，尽可能采用可循环使用的资源，并且开发的绿色产品是多用途的、可以回收利用的或在自然界能分解的、不会产生“二次污染”的，这就需要投入很大的精力和技术了。

在产品宣传方面，酒店可以利用新闻媒体进行绿色产品的宣传工作，扩大环境保护的宣传力度，提高全民的环保意识。酒店还可以开展各项专题活动，比如：杭州之江度假村推出的“绿色庭院、绿色行动”的专题活动，顾客可以在庭院里随意种植花果蔬菜，成熟后酒店会通知顾客来收；鼓励顾客美化环境，并向积极践行的顾客颁发绿色消费证书；制作绿色食品菜单，举办绿色食品节活动，等等，极大地推广了酒店绿色食品，宣传了酒店的环境保护意识。

4. 采用绿色标志，树立绿色形象

采用绿色标志是绿色营销的重要特点。我国现行的绿色标志，是由国家指定的机构或民间组织依据环境标志产品的技术要求及有关规定，对产品或服务的环境性能及生产过程进行确认，并以标志性图形的形式告知消费者哪些产品和服务符合环境保护的要求，对生态环境更为有利。绿色标志可以引导消费者参与环境保护活动，帮助他们选购产品，是酒店市场重要的竞争因素，是衡量酒店环保生产的标准，是酒店通向市场的通行证。

酒店形象是酒店重要的无形资产，良好的企业形象能间接开辟市场，为酒店创造额外价值，带来经济效益和社会效益。树立绿色的酒店形象，更能为酒店赢得经济效益、社会效益和环境效益的统一。同时，酒店也可以在产品和服务的广告中引入环保理念，通过强调酒店在环保方面的行动来改善和加强企业的绿色形象，从而将绿色环保意识更广泛地涵盖到酒店的方方面面，使酒店形象更具体更巩固。

5. 提供绿色服务，实施绿色管理

“绿色服务”是指酒店提供服务的宗旨是保护自然资源、生态环境和人类健康，并能满足消费者绿色消费的个性化要求。绿色服务是一整套服务，贯穿消费的始终。比如在客人就餐时，服务员推荐、介绍菜肴，力求做到不仅要考虑赢利，还要考虑客人的利益，力求做到经济实惠、营养均衡、资源不浪费，同时向客人推荐绿色菜肴和饮料，就餐后，根据环保要求对快餐容器等进行有效的消毒处理，并为客人提供保管剩酒和“打包”等服务。

酒店绿色管理就是将环保观念真正融入酒店的经营管理之中，节省酒店资源，减少环境污染，改善环境质量，在同行业中树立绿色营销的良好形象，最终达到促进酒店持续健康发展的目的。为了酒店绿色管理的顺利实施，可以建立绿色管理委员会，为酒店实施绿色营销提供组织保障。

随着全球化经济的发展，绿色环保意识越来越强，人们对绿色消费方式也越来越推崇。绿色需求蓬勃发展，绿色酒店业拥有更多发展机遇，同时也面临着更严峻的挑战和竞争。绿色酒店品牌营销策略是酒店长远发展的一个重要策略，这就要求酒店要勇于创新，建立绿色的经营理念，占领市场，不断提高市场竞争力与品牌知名度，与环境、社会协调发展。

第二章　酒店营销市场调研与分析

第一节　酒店市场的环境分析

一、酒店市场营销环境概述

（一）酒店市场营销环境的内涵

1. 酒店市场环境的含义

酒店市场营销环境是指推动或影响营销管理能力，与酒店企业营销活动有潜在关系的各种酒店外部和内部因素组成的生态系统。酒店市场营销环境由宏观环境和微观环境构成。

2. 酒店市场环境的特点

（1）客观性

酒店这种产品总是在特定的区域经济和其他外界条件下生存与发展的，其市场营销活动总是要受到其周边客观环境因素的影响。

（2）差异性（复杂性）

虽然从整体上看，同一国家、同一地区的宏观营销环境基本上是一致的，但是这种一致性是相对的，如我国的不同地区在地理、自然条件以及民族文化等方面就会有很大的差异，不同国家和地区更是如此。

（3）波动性（动态性）

环境变化本来就是一个多因素共同作用的、波动性极大的变量因子。影响酒店市场营销环境的因素也有很多，如经济政策、消费水平、同行竞争态势等，多方面的因素造就了酒店市场的波动性和不稳定性。

（4）关联性（相关性）

酒店市场营销环境的各项因素是相互关联的，比如国际经济环境影响我国的经济政策，经济政策的改变影响人们的消费水平和消费方式，人们的消费水平和消费方式又会影响酒店营销策略的改变等。

（5）不可控性

酒店的外部市场营销环境是无法控制的，因此，对酒店而言，环境将会发生怎样的变化及对酒店营销会产生怎样的影响，都是难以预料的。

（二）酒店市场营销的宏观环境

1. 自然环境

对于酒店业而言，自然环境主要是指优越的地理环境和丰富的景观资源。作为酒店业的附加产品，酒店内自然景观的装饰不仅能提高酒店的整体美观效果，还能给顾客营造出一种自然、舒适的休闲氛围，使顾客真正体验到度假的放松和心灵的放松，从而自然而然地提升酒店在顾客心中的形象值。

2. 人口环境

（1）人口规模

一般情况下，人口数量与市场容量、消费需求成正比。人口数量的增加为酒店企业扩大市场空间和创造市场机会提供了可能。

（2）人口结构

从年龄结构看，一方面人均寿命显著延长，使老龄人口的比例增大；另一方面我国目前处于一个婚育高峰期，蜜月旅行已成为时尚，从而也加大了酒店入住的客流量。

从职业结构来看，商务人员业务繁忙，出差机会多，科技人员、医生、教育工作者等外出学术交流机会多；职员、自由职业者假日外出旅游也较多，这些不同职业、不同消费水平的潜在顾客都是酒店业需要关注的对象。

3. 经济环境

（1）国民生产总值

国民生产总值是指一国或地区在一年内用市场价格计算的所有最终产品和服务价值的综合，说明一国经济发展的水平。

人均国民生产总值是指一国或地区的国民生产总值在该国或地区居民每人名下的平均数。人均国民生产总值与消费者的购买能力密切相关。

（2）个人收入和消费模式

个人收入，尤其是个人实际可自由支配的收入，是决定旅游购买者购买能力的决定性因素。除了可自由支配的收入外，个人消费模式对酒店需求也会产生影响。对于相同收入的不同消费者，喜好储蓄的那部分消费者难以成为现实的旅游消费者，而对于另一部分消费者而言，由于消费观念超前或者对自己未来收入预期较高，会选择更多的现实消费。

4. 政治法律环境

（1）政策的稳定性

政策的稳定性首先决定于政治局势的稳定性。政局稳定是酒店企业顺利开展市场营销活动的关键因素。长期稳定的政局，可以为酒店的营销创造一个良好的环境。

（2）行政法律干预手段

政府有关酒店业的经济立法，对酒店市场需求的形成和实现具有不可忽视的调节作用，而这些法律或规定是在企业的控制范围之外的。

5. 社会文化环境

社会文化环境包括目标市场教育水平的高低、社会的风俗与习惯、生活方式、民俗宗教习惯的差异等。而教育水平的高低反映人们的文化素养，对酒店市场营销的影响主要表现在两个方面：

（1）影响酒店住宿者的消费结构、购买行为和审美观念，从而影响酒店业的营销活动。

（2）制约企业的市场营销活动。相关群体，如家庭、邻居、亲友或周围的环境等对人的行为、态度以及价值观等都具有潜移默化的影响，从而形成一种消费倾向。

宗教直接影响人们的生活态度、价值观和风俗习惯，从而影响人们的消费行为。许多民族宗教的节日或者具有民族特色的地区，都会吸引大量的游客外出旅游，从而为酒店的发展以及特色产品的推出创造了良好的条件。

6. 科学技术环境

科学技术的发展为酒店业带来了新的机遇和技术手段，如酒店的计算机预订系统等。科学技术的发展变化，为酒店业提供了新的管理方式和手段，极大地提高了酒店业的营销效率，增强了酒店企业的竞争优势，如办公系统电子化的应用等。科学技术的发展增加了酒店市场营销创新的机会，如网络营销等。

（三）酒店市场营销的微观环境

1. 购买者

个体购买者是酒店产品和服务的一种消费群体，他们在外出旅游的同时入住酒店，其目的是享受，他们会为了满足精神需求而去消费，这种顾客属于散客。其特点主要有：人数众多，目标顾客分布范围比较广泛，构成比较复杂，对旅游业的需求差异性较大；流动性较大，购买频率较高；缺乏对旅游产品的专门知识，其购买行为具有很大程度的诱导性。

组织购买者是指一些团体或者企业为了开展业务或者奖励员工而购买酒店产品和服务。其特点主要有：购买的数量比较少，但购买的规模比较大；购买的目的是为公不是为私，属于生产性消费，由单位承受，在价格问题上不像个体消费者那么注重。

2. 竞争者

酒店业的竞争者有很多种类，他们或在产品上形成竞争，或者在营销机制上形成竞争，下面概括出酒店业竞争者的四种类型：

（1）愿望竞争者——指针对不同顾客的不同需求而提供不同产品的竞争者.

（2）一般竞争者——指针对顾客同一性的需求能够提供多样性的产品形式的竞争者。

（3）产品形式竞争者——指针对不同阶层、不同档次的消费者而提供不同规格不同档次的产品的竞争者。

（4）品牌竞争者——指针对顾客对品牌有一定的追求和执念，而生产的产品规格一样、档次形同的产品，凭着自己的品牌优势和固定的品牌追随者而形成的竞争者。

3. 供应商

供应商是指向酒店企业提供酒店产品和服务产品的生产所需要的资源（包括能源、劳务、设备、资金等）的企业或个人。

营销活动是一个以服务为主的综合性活动，营销活动离不开物质产品和服务的供给，服务产品的数量和质量直接影响着营销活动的成本和费用的高低，进而影响营销目标的实现。

4. 中间商

中间商是指在酒店和顾客之间，参与酒店商品和服务的业务流通，促使酒店和顾客之间的买卖行为顺利进行的集体或个人，包括经销商、代理商、批发商和零售商等。

5. 社会公众

酒店营销的生存与发展离不开良好的公众关系和稳定的社会环境，社会公众即指对酒店企业的产品推销或者服务业务能力感兴趣或者能产生一定影响的社会团体或个人，包括新闻媒介、政府机构、群众组织以及企业内部员工等。社会公众会在一定程度上对酒店营销活动的成败产生实际的潜在的影响，也是酒店企业在考虑营销策略的实施时，不得不考虑的一个影响因素。

二、分析酒店市场环境的目的

酒店市场营销环境是酒店生存和发展的前提和条件。酒店市场营销环境的发展，既可以给酒店带来市场机会，也可以给酒店造成严重威胁。因此，分析酒店营销环境的目的，包括认清酒店的优势和劣势、抓住酒店市场营销机会和分析酒店面临的营销威胁两个方面。

（一）认清酒店的优势和劣势

通过对酒店内部环境的分析，能认清酒店所拥有的优势和劣势，如酒店建筑独特别致，服务质量一流，酒店决策层思想开拓创新等，都是酒店的优势；反之，管理系统混乱、服务质量低劣等成为酒店的劣势。

（二）抓住酒店市场营销机会和分析酒店面临的营销威胁

酒店常遇到的营销机会有下列四大类：第一，市场渗透机会。酒店用现有的产品打入现有的市场，条件是酒店可通过增加现有客人的消费量，留住老顾客和争取新顾客来进行市场渗透。第二，开发市场机会。酒店用现有的产品打入新的市场，从而改变市场。第三，新开发产品机会。酒店通过寻找现有市场中尚未得到满足的客人，并开发新产品来满足他们。第四，多样化经营机会。

酒店营销环境的变化并不都是有利于酒店的，部分因素的变化也会使酒店面临严峻的形势，这些不利于酒店经营的营销环境因素的变化，我们称之为“酒店营销威胁”，如酒店周边不断出现的新的具有竞争实力的竞争者等。

三、如何分析酒店市场环境

市场经营环境分析又称为酒店的社区分析，是酒店营销分析的重要组成部分。社会变革、生活方式、价值观念、宏观经济环境以及技术发展水平等对酒店的经营管理影响巨大。它们影响着顾客对酒店产品的需求，决定了酒店营运的规模与水平，牵引和制约着酒店产品开发的速度和方向。因此，酒店必须深入研究上述不可控制的因素，并制定出与环境相配合的营销决策。例如，在我国，由于经济的发展，外商来华投资经商者日益增多，因而产生大量的对高标准公寓、写字楼的需求；同时，随着国内旅游业的蓬勃发展，普通酒店和中低档住宿设施也越来越好。由于生活水平的提高，酒店各房间的电视、卫生设备及通信设施也日益普及，新的服务项目不断推出。酒店只有随时追踪环境因素对酒店需求及营运的影响，才能始终跟上时代的步伐，保持适当的超前性和先进性。

酒店市场经营环境分析要注意以下几个方面：第一，当地经济发展状况和趋势。酒店营销人员要注意收集和分析有关宏观经济的指标，如国民生产总值、失业率、物价指数等。另外，还必须了解当地工商企业的数量以及营运状况。第二，本地旅游特色和传统活动。酒店营销人员要调查当地有哪些历史古迹、风景点，有什么特别的传统活动和风俗习惯以及有哪些体育、娱乐设施能够吸引顾客下榻酒店。第三，对本地区酒店业进行调查，了解酒店总体规模，客源数的增减情况，当地酒店业平均出租率、平均房价并预测发展趋势。第四，地区的交通状况及可进入性。酒店所在地是否有高速公路，铁路和航空交通状况如何，通信、邮电等基础设施是否完善。最后，酒店营销人员还必须了解影响酒店经营的其他要素如政治、社会、文化等方面的变化，以及对酒店业可能产生的影响。

四、影响酒店市场环境的因素

（一）市场经济的发展

市场的逐步开放释放了经济主体的活力，经济主体拥有更多的选择空间，且经济主体在经济过程中能够根据自己的需求灵活地选择市场中的消费商品。在市场经济中因为利润的存在，提供商品和服务的行业竞争激烈，市场中的买方市场被严重挤压。市场经济中的主体更加多元化，多元化的选择空间以及多元化的意识形态都为市场的深入发展带来了一定的经济选择。企业在这种环境中只要能够根据自己的发展实际，精准定位市场需求，灵活调整自己的发展目标，就能够推进企业的可持续发展。

（二）行业竞争激烈

市场经济中，经济主体所提供的商品和服务都存在着特定的消费目标，只有将这些潜在的消费群体通过企业经营战略服务吸引其消费，才能够保证企业市场不会压缩。而在现实环境中，市场主体呈现级数增长，而企业所提供的服务却是相当有限的，大多数商品和服务在形式上都呈现一种样态，而且在服务的态度上都是大同小异，因此在竞争中很多企业无法凸显自己的竞争优势，无法赢得市场空间。另一个方面，企业在发展中为了取得在市场环境中的优势地位，往往会采取改变竞争策略的方式，采取新的方式来增强自己的竞争力，规避被市场淘汰的风险。

（三）消费者因素的变化

市场经济提供给消费者的商品和服务更加多样化，在丰富的商品种类中消费者能够根据自己的选择有侧重地挑选某些商品和服务。消费者本身偏好并不具备统一性，因此在对商品和服务的选择上就呈现各种形态。若能抓住消费者的主要价值和风格偏好就能赢得市场的主动权，从而占据市场。消费者在经历计划经济向市场经济的过渡中体验到市场的波动，其市场角色地位也在潜移默化地改变，这种变化的结果就造成了市场中消费者的偏好影响经济发展的方向。消费者的消费结构也成为企业开发市场的主要参考依据，将消费者作为商品的终端，消费者将能够获得更多的满意结果。作为企业，为了生存的目的也会在经营中采取各种经营策略迎合各类的消费者，最大面积地覆盖市场空间。

（四）政策环境的变化

为了繁荣市场，推进经济的发展，国家在政策上创造了较为宽松的环境。政策支持企业进行多业态的发展模式，也通过加大对基础服务设施的投资为社会创造更好的环境。政策上的优越条件鼓舞了企业发展的热情，刺激企业采取更具创新性的发展方案，在各种消费套餐上为消费者提供适宜的选择。为了配合企业经营秩序的建立，政策上也制定了相应的配套措施来保障企业的规范化运行，从而为维护消费者的权益奠定了基础。政策上的保障将酒店企业的稳定化经营模式秩序化，对于市场经济的健康发展来说，政策环境的改变具有重要的意义。

第二节　酒店市场细分与目标市场定位

一、酒店市场细分

（一）酒店市场细分的内涵

市场细分是由美国市场营销学家温德尔·史密斯于 20 世纪 50 年代中期首先提出的。它适应了第二次世界大战后美国众多产品的市场转化成为买方市场这一新的市场形势，发展了企业营销思想，是企业经营者在制订市场营销策略时逐渐关注市场导向这一营销理念的合乎逻辑的产物。

市场细分的理论，是由消费者需求的“异质性”引起的。如果按客人需求的差异程度来将市场分类，那么市场可以分为同质市场和异质市场两类。凡消费者或用户对商品的需求、欲望、购买行为和对企业的经营组合策略的反应有一定的一致性，这种产品的市场就是同质市场，如蔬菜市场、食盐市场等，生产和销售此类商品的企业无须进行市场细分。但是，大部分商品市场，由于消费群的需求有较大的差异，这种市场就是异质市场，酒店等面临的市场就属于异质市场。

（二）酒店市场细分的意义

细分市场的依据不是根据酒店产品的种类或者产品的档次来进行的，而是从顾客的角度，根据顾客在消费需求、消费动机和消费行为等方面所体现出来的差异性和多元性进行划分的。对市场进行准确的细分对酒店的经营管理和市场营销策略的制订和实施都起着极其重要的作用。

1. 有利于酒店精准地选择目标市场和制订正确的市场营销策略

酒店将市场进行具体的细分后，能使酒店对市场上的各种因素进行较细致和全面的分析，对自己的市场营销战略和在市场上的营销力量有更深刻的认识，对于顾客的需求以及消费信息也能更容易掌握，从而能使酒店更准确地确定自己的目标市场。对于较小范围的目标市场，其优点是便于酒店制订特殊的市场营销策略，同时，在细分的市场上，能更方便了解市场的最新信息，更快地收到来自顾客等多方面的信息反馈。顾客的需求一旦发生变化，酒店便会第一时间获知，并且以最快的速度调整市场营销策略，制订相应的营销对策，以最大限度满足顾客的需求和适应市场的变化，提高酒店的市场应变能力和在同行中的竞争力。

2. 有利于酒店挖掘市场机会，开拓新市场

通过市场细分，酒店可以更细致、更全面地对每一个细分市场的各个方面和影响因素进行对比分析，包括消费者的购买潜力、对产品的接受程度和满意程度、同行业之间的竞争情况等。在分析的基础上，积极探索和把握有利于酒店发展的市场机会，根据自己酒店的实际情况，及时做出适应市场环境和现状的市场开发决策或新产品开发计划，开拓新市场，发掘新项目，在适应市场需要的同时，吸引更多潜在顾客并将其转化为酒店的忠实顾客，提高酒店在新市场的地位。

3. 有利于酒店集中人力、物力和财力投入目标市场

任何一家酒店的资源都是有限的。酒店对市场进行细分，可以从酒店资本、市场影响力。以及品牌号召力等各方面因素考虑，选择适合自己的目标市场，然后集中人力物力和财力等资源，去争取部分市场的绝对优势，再确定自己的目标市场，迅速占领市场。

4. 有利于酒店提高经济效益

像上述所说的选取目标市场、制订市场策略、开拓新市场等都可以提高酒店的经济效益，除此之外，酒店还可以通过市场细分，针对确定的目标市场，提供适销对路的产品和服务，这样既能满足市场需求，又能增加酒店的收入。产品适

销对路指酒店所生产的产品能最大限度地满足广大顾客的物质和精神需求，有利于提高酒店的出租率，形成一种规模效应，降低酒店的经营和销售成本，提高员工的服务熟练程度和工作热情，进而提高服务质量和顾客的满意度，从而全面提高酒店的经济效益。

但是，细分市场是有一定客观条件的。只有酒店市场发展到一定阶段，供求关系表现为供过于求，顾客需求多样化，酒店无法用只提供大批量无差异的方式或差异化产品策略有效地满足所有顾客需要的时候，细分市场的客观条件才具备。

二、酒店目标市场的定位与选择

（一）细分市场的评估

目标市场就是酒店在经过各方面因素的考虑和精密的分析后决定投资进军的市场。而酒店要选取目标市场进行开发，最先应满足以下几方面条件：

1. 有一定的规模和发展潜力

当酒店决定进入某一市场进行投资开发时，是期望能够有利可图，短时间内能赢回成本并获利的，如果市场有明显的发展阻碍，如目标市场规模太小、消费水平不高或者趋于萎缩状态时，酒店应仔细考虑，谨慎涉足。同时也需注意，不要把市场的吸引力作为唯一的取舍标准，因为优势过于明显的目标市场也会吸引其他同行的注意力，如果始终与同行酒店遵循一样的思维逻辑，把优势过于明显的市场作为目标市场，去争夺同一个顾客群的话，无疑会造成过度竞争和社会资源无端浪费的结局。

2. 细分市场结构的吸引力

细分市场可能具备理想的规模和发展特征，然而从赢利的观点来看，它未必有吸引力。波特认为有 5 种力量决定整个市场或其中任何一个细分市场的长期的内在吸引力。这 5 个群体是同行业竞争者、潜在的新参加的竞争者、替代产品、顾客和供应商。他们具有如下 5 种威胁性：

（1）细分市场内激烈竞争的威胁

如果某个细分市场已经有了众多的、强大的或者竞争意识强烈的竞争者，那么该细分市场就会失去吸引力。如果出现该细分市场处于稳定或者衰退、接待服务能力不断大幅度提升、固定成本过高、撤出市场的壁垒过高、竞争者投资很大时，情况会更糟。这些情况常常会导致价格战、广告争夺战等，酒店要参与竞争就必须付出高昂的代价。

（2）新竞争者的威胁

如果某个细分市场可能吸引新的竞争者，那么该细分市场就会没有吸引力。问题的关键是新的竞争者能否轻易地进入这个细分市场。如果新的竞争者进入这个细分市场时遇到森严的壁垒，并且遭受到细分市场内原来酒店的强烈报复，他们便很难进入。保护细分市场的壁垒越低，原来占领细分市场的酒店的报复心理就越弱，这个细分市场就越缺乏吸引力。某个细分市场的吸引力随其进退难易的程度而有所区别。根据行业利润的观点，最有吸引力的细分市场应该是进入的壁垒高、退出的壁垒低，在这样的细分市场里，新的酒店很难进入，但经营不善的酒店可以安然撤退。如果细分市场进入和退出的壁垒都高，那里的利润潜能就大，但也往往伴随较大的风险，因为经营不善的酒店难以撤退，必须坚持到底。如果细分市场进入和退出的壁垒都较低，酒店便可以进退自如，然而获得的报酬虽然稳定，但不高。最坏的情况是进入细分市场的壁垒较低，而退出的壁垒却很高，于是在经济增长时，大家蜂拥而入，但在经济萧条时则很难退出，其结果是大家都生产能力过剩，收入下降。

（3）替代产品的威胁

如果某个细分市场存在替代产品或者潜在替代产品，那么该细分市场就会失去吸引力。替代产品会限制细分市场内价格和利润的增长。酒店应密切注意替代产品的价格趋向。如果在这些替代产品行业中技术有所发展，或者竞争日趋激烈，这个细分市场的价格和利润就可能会下降。

（4）顾客讨价还价能力加强的威胁

如果某个细分市场顾客的讨价还价能力很强或者正在加强，那么该细分市场就没有吸引力。顾客会设法压低价格，对产品质量和服务提出更高的要求，并且使竞争者互相斗争，所有这些都会使酒店的利润受到损失。如果购买者比较集中或者有组织，或者该产品在购买者的成本中占较大比重，或者产品无法实行差别化，或者顾客的转换成本较低，或者由于购买者的利益较低而对价格敏感，或者顾客能够向后实行联合，购买者的讨价还价能力就会加强。酒店为了保护自己，可选择议价能力最弱或者转换销售商能力最弱的顾客。较好的防卫方法就是提供顾客无法拒绝的优质产品和服务。

（5）供应商讨价还价能力加强的威胁

如果酒店的供应商能够提高或者降低产品和服务的质量，或者减少供应数量，那么酒店所在的细分市场就会没有吸引力。如果供应商集中或有组织、替代产品少、供应的产品是重要的投入要素、转换成本高、供应商可以向前实行联合，那么供应商的讨价还价能力就会较强。因此，与供应商建立良好关系和开拓多种供应渠道才是防御上策。

（二）酒店目标市场营销策略

1. 市场领先策略

市场领先策略是指酒店在目标市场始终保持第一位的优势，无论在产品的质量、规格以及服务上都要先声夺人，始终以领袖的地位引导这一市场的消费需求的发展方向。作为一家酒店，应从以下几个方面做出努力：第一，扩大这个市场的总需求，寻找新的顾客；第二，保护的市场份额，通过扩大或是缩小经营范围来实现；第三，继续提高市场占有率。

2. 市场挑战策略

市场挑战策略是一种与最强有力的竞争对手对抗的市场定位策略，就是把本酒店产品特色定位在与这个市场中最强大的竞争对手的产品相似的一个位置上，与竞争对手去争夺一个细分市场。很显然，市场挑战策略有时是一种风险较大的策略，但是也有不少酒店认为这是一种可以更好地激励自己奋进的、可行的定位尝试。采取这种定位策略，酒店对竞争的结果必须有充分、准确的估计和分析。酒店必须十分了解自己是否具备比竞争对手更丰富的资源、更强的经营能力，是否能比竞争对手做得更出色。同时还必须发现顾客的真正需要，研究顾客的心理，了解他们的需求，哪些服务他们没有享受到以及哪些服务让他们感到满意。该策略一旦在目标市场上取得成功，便会取得很大的市场优势。

3. 市场补缺策略

市场补缺策略，就是酒店避免与竞争对手直接进行对抗，而是着手去寻找新的、未被占领的、为许多顾客所重视的市场位置，这是利用竞争对手市场定位的偏差或疏漏对酒店目标市场进行的定位。当酒店对竞争者的市场地位、顾客的实际需求和本酒店产品的属性等进行了充分的评估分析，发现目标市场上竞争对手实力雄厚，无法与之正面抗衡时，酒店应将目光转向竞争对手尚未顾及或忽视的市场空隙，组织自己的产品去满足那些市场上尚未得到满足或未被完全满足的需求，从而与竞争对手形成鼎足之势。

任何一家酒店在市场定位时都带有一定的倾向性。经营者必须了解市场竞争对手的主要定位方向，熟悉客源市场的构成，能够分析潜在市场的变化及变化的趋势，从而掌握定位的灵活性，做到既能吸引同类型的顾客，又能主次分明。酒店采用这种策略的优点在于，酒店可以迅速在市场上站稳脚跟，并可以用较小的代价在顾客的心目中树立较好的形象。这样的定位方式风险较小且易于成功。

4. 无差异性营销策略

无差异营销策略是指酒店不进行市场细分，而是把整个市场作为自己的经营对象。这种方法在现实的酒店经营中表现为不分主次，来的都是客。酒店营销人员试图使用一种固定的单一组合来满足整个市场，目的是集中满足市场顾客的共同需要。无差异营销策略适用于：第一，同质市场，即市场需求差异小得可以忽略不计的市场；第二，新产品介绍期；第三，需求大于供给的卖方市场。

无差异营销策略有一定的优点又有不足之处。其优点主要是可以减少酒店的经营成本和营销费用。由于采用单一的营销策略，产品的组合成本、销售渠道的费用及促销费用都大大降低。其不足之处是忽视了市场需求的差异，可能会导致部分顾客不满意。此外，这种策略也不能适应竞争激烈的市场环境。

5. 差异性营销策略

差异性营销策略，是指酒店选择两个或两个以上细分市场作为自己的目标市场并针对不同的目标市场制订不同的营销组合。差异性营销策略适合于：第一，规模大、资源雄厚的酒店或酒店集团；第二，竞争激烈的市场；第三，产品成熟阶段。

6. 重新定位策略

这是酒店为改变在市场中原有的形象，使目标顾客对其建立新的认识过程的一种策略。通常是酒店初次定位恰当，但是出现有实力的竞争对手的市场定位与酒店相仿，侵占了本酒店的部分市场，或是原有的顾客需求发生了变化，现有的产品吸引力不强，必须考虑重新定位，发挥自身的优势，开发新产品满足客人的需求，以与众不同的服务风格来吸引客人。新的定位策略并非仅仅改变名称或变换信息，必须基于一些可以令人感受到的改进或变化。

7. 集中性营销策略

有时候酒店的营销人员不愿意将有限的资源分散在不同的子市场，避免势单力薄，而宁可将有限的资源集中使用于某一最有潜力且最能适应的细分市场，这样可以在自己的目标市场上取得绝对优势或建立起鲜明的形象。所谓的集中性营销策略是指营销人员使用某种特定的营销组合来满足某个单一目标市场，并将酒店的人力、物力、财力都集中于这一个目标市场。集中性营销策略适用于：第一，酒店资源并不多的中小型酒店；第二，竞争比较激烈的市场。

集中性营销策略的优点体现在以下几个方面：首先，它有利于酒店经营的专业化和专门化；其次，它有利于酒店提高资源的利用率；最后，它有利于酒店在目标市场上建立扎实的基础。这种营销策略可以帮助酒店在较小的市场中占有较大的市场份额，但同时也会由于仅专注于某一细分市场而增加企业的经营风险。

第三节 酒店消费者购买行为分析

一、影响酒店消费者购买行为的因素

酒店产品的消费者生活在纷繁复杂的社会环境中，购买行为受到诸多因素的影响。要彻底把握消费者购买行为，有效地开展市场营销活动，必须分析影响消费者购买行为的有关因素。消费者购买行为受文化、社会、个人和心理特征的影响很大，营销人员无法控制这些因素。

（一）文化因素

文化因素在消费者行为中发挥着最广泛、最深刻的影响。营销人员需要了解消费者所处的文化环境（Culture Environment）在购买行为中所起的作用。在特定社会中成长的人会从家庭及其他重要组织那里学到基本价值观、对事物的理解、

愿望和行为。每个群体或者社会都有自己的文化，而且文化对购买行为的影响在不同的群体或社会间差异很大，营销活动如果不针对这些差异进行调整就会没有效果，甚至会出现失误。文化因素在消费领域的影响主要反映在传统、风俗习惯和价值观等方面。在中国文化中，对家庭的重视，以及对"孝"的强调深深地影响着我们的消费观念。传统和风俗习惯对节日消费影响最大，酒店的旺季收入有很大一部分是由传统节日的习惯性消费贡献的，如我们所熟知的春节、中秋节、元宵节等，酒店会推出相应的节日促销活动。还有中国传统中极为重视的人生三件大事：结婚、生子、生日，一直以来都是酒店营销的重点。中国人的人情文化渗入商业活动中，又演绎出各种商务礼仪，这些消费多数都和酒店有关。因此，各地的酒店经营者只有对中国传统的文化有认识，对当地的习俗有了解，才能真正把握目标顾客的需求。

（二）社会阶层

所有的社会都有某种形式的社会阶层结构。社会阶层是指特定社会中所划分的具有相对同质性和持久性的按等级排列的群体。社会阶层中每一阶层的成员具有类似的价值观、思维方式和行为方式。

社会阶层有以下几个特点：第一，同一社会阶层内的人，其行为要比来自两个不同社会阶层的人的行为更加相似；第二，人们以自己所处的社会阶层来判断各自在社会中占有的高低地位；第三，某人所处的社会阶层并非由一个变量决定，而是受到职业、财富、教育和价值观等多种变量的制约；第四，个人能够在一生中改变自己所处的阶层，既可以向高阶层迈进，也可以跌到低阶层。各个阶层在消费过程中显示出不同的产品偏好和品牌偏好，如五星级及以上的酒店主要服务于高层消费者，工薪阶层则会选择三星级以下的经济型酒店。

由于处于不同的社会阶层的消费者的社会地位、经济基础、价值观念和生活方式等有所不同，所以他们反映出的消费需求和购买行为也会有很大的不同。社会阶层的划分是通过综合衡量职业、收入、教育和财富等变量形成的，其分层不是那么固定和严格，相邻阶层间的界限比较模糊。酒店的营销者首先应明确谁是自己的目标顾客，通过对社会阶层分析，让酒店对目标顾客的需求把握更为准确。

（三）家庭

家庭是指一个由两个或两个以上的相关的人构成的家庭单位，其中一人（户主）拥有或租住他们的住房。家庭是社会的基本组织单位，它对其成员（消费者）的影响最深远、最持久。人们的价值观、生活习惯、思维方式等基本都是在家庭的影响中形成的。家庭对消费者的购买行为的影响是显著的。在中国，由于计划生育政策的实施，一般家庭中都只有一个孩子，所以在中国家庭决策中，孩子的影响力不容忽视，甚至是关键的。旅游度假酒店一直都把家庭旅游者看成服务的重点，家庭客房的数量在增加，家庭客房的设计也追求多样化，而且日渐把孩子的需求看成一种独立的需求，针对不同年龄阶段的孩子的服务项目在增加。当然，近年中国家庭旅游需求也呈现出一些新的特征，如从以往的老人喜欢和子孙一起外出，分化成平时老人们喜欢和其他老人结伴外出，只在节假日时与家人外出等，酒店单独针对老年人的服务项目也在增加。

（四）个人因素

不同年龄阶段的消费者对商品和服务的需求是不同的。如儿童消费者偏爱糖果和玩具等消费品，需要看护、幼儿教育等服务；中年消费者则是住房、汽车等商品的追随者；老年人主要是保健品的购买者或使用者。

一般来说，家庭生命周期分为以下几个阶段：

1. 单身阶段

处于单身阶段的消费者一般比较年轻，几乎没有经济负担，可随意支配的收入较多，消费观念紧跟潮流，注重娱乐产品和基本的生活必需品的消费。这一阶段的消费者是节日假期酒店餐饮消费、娱乐消费的目标顾客。

2. 新婚阶段

新婚夫妇一般具有双份收入，而且有来自家长的经济支持，经济状况较好，具有比较大的需求和比较强的购买力。这一阶段的消费者是酒店宴会消费、节日餐饮消费、娱乐消费的目标顾客。

3. 满巢阶段

指最小的孩子在 6 岁以下的家庭。由于孩子的出生，家庭生活方式和消费方式较以前发生了很大变化。孩子需要照顾，家庭收入相应减少，而支出却会增多，所以家庭的购买行为趋向理性，购买的产品和服务以为孩子服务为中心。

而最小的孩子在 6 岁以上的家庭，由于孩子已经开始上学，消费者的收入会因家长恢复工作而较以前有所增加。此阶段的家庭消费比较慎重，较少受到广告的影响，倾向于购买大规格包装的产品，购买取向仍以孩子为中心，除了必要的生活支出外，教育服务产品的购买比重加大。

夫妇已经上了年纪但是有未成年的子女需要抚养的家庭，经济状况尚可，消费习惯稳定，可能倾向于购买耐用消费品。

4. 空巢阶段

空巢阶段，指子女已经成年并且独立生活，但是家长还在工作的家庭。处于这一阶段的消费者家庭经济状况尚可，可能购买娱乐品和奢侈品，对新产品不感兴趣，也很少受到广告的影响。

而子女独立生活，家长退休的家庭，处于这一阶段的消费者收入大幅度减少，消费更趋谨慎，倾向于购买有益身体健康的产品。

5. 鳏寡阶段

夫妇中一方已经去世，家庭进入解体阶段，消费者退休或仍在工作，经济收入减少，对医疗、保健和社会服务的需求较大。

二、酒店消费者购买行为类型

酒店消费者购买决策随其购买决策类型的不同而变化。相对于购买酒店产品和服务而言，属于较为复杂的和花钱多的决策，往往凝结着购买者的反复权衡，而且包括许多购买决策的参与者。根据消费者购买的产品的不同类别和购买时表现出来的不同重视程度及决策行为，可将消费者购买类型划分为复杂型、和谐型、习惯型和多变型 4 种类型。

（一）复杂型

复杂型购买是指消费者在初次购买昂贵的、品牌差异大的产品时，表现出来的高度重视的购买行为，属于高度介入购买。例如，消费者初次租用写字楼长包房就属于复杂型购买。由于对所要消费的产品的性能缺乏了解，为慎重起见，消费者往往需要广泛地收集有关信息，并经过认真地学习，产生对这一产品的信念，形成对品牌的态度，并慎重地做出购买决策。对于这类购买行为，酒店市场营销人员要有足够的耐心，设法帮助消费者了解与酒店有关的知识，并设法让他们知道和确信本酒店在比较重要的性能方面的特征及优势，使他们树立对酒店的信任感。消费者有了对该产品的消费经验后，再进行第二次购买时，购买决策行为就会简化得多。

（二）和谐型

和谐型购买指消费者在购买昂贵的、不常购买的，但品牌差异不大的产品时，表现出来的比较重视的购买行为。当消费者高度介入某项产品的购买，但又看不出品牌有何差异时，对所购产品往往会产生失调感。因为消费者购买一些品牌差异不大的商品时，虽然他们对购买行为持谨慎的态度，但他们的注意力更多地集中在品牌价格是否优惠、购买时间、地点是否便利，而不是花很多时间和精力去收集不同品牌间的信息并进行比较，而且从产生消费动机到决定购买之间的时间较短。如针对同类型、同档次的两家酒店，其本身硬件、软件水平相近，那么消费者在挑选时一般只注重地理位置和房价情况。因而这种购买行为容易产生购买后的不协调感，即消费者购买某一产品后，或因产品自身的某些方面不称心，或得到了其他更好的产品信息，从而产生不该购买这一产品的后悔心理或不平衡心理。为了改变这样的心理，追求心理平衡，消费者会广泛地收集各种对已购产品的有利信息，以证明自己购买决定的正确性。为此，酒店应通过调整价格和渠道的选择，并向消费者提供有利的信息，帮助消费者消除不平衡心理，坚定其对所消费产品的信心。

（三）习惯型

习惯型购买指消费者在购买低价格的、习惯使用的、品牌差异较小的产品时，表现出来的消费行为。当某些产品价格低廉、品牌间差异不大时，消费者购买时，大多不会关心品牌，而是靠多次购买和多次使用而形成的习惯去选定某一品牌。如生活中购买油盐酱醋的决策行为，如果需要，可直接去超市或者便利店购买任何一种可以买到的油盐酱醋。但出于习惯，往往会始终购买一种商标的产品。消费者对酒店的饮料、菜肴的购买就属于习惯型消费行为。对于酒店营销者来说，对于现有的消费者，必须继续投其所好，保持一定的产品质量、服务质量和库存水平，使他们对本酒店的品牌坚信不疑；对于非本酒店的消费者，酒店要特别注意给消费者留下深刻印象，酒店的广告要强调其主要特点，要以鲜明的视觉标志、巧妙的形象构思赢得消费者对酒店产品的青睐。要善于利用种种诱因和广告的重复性的作用，以加深消费者对产品的熟悉程度，使消费者被动地接受品牌和产品信息，在购买该类产品时会习惯性地选择该品牌。

（四）多变型

多变型购买指消费者在购买低价格、品牌差异大的产品时表现出来的无固定偏好的购买行为。这种购买行为的最大特点是消费者经常会去购买不同品牌的产品。这类消费行为的消费者往往心理尺度缺乏一定主见，或因产品价值低未得到他的高度重视、尚未定型，即使购买到的产品不能完全令他满意也不会给他带来较大的心理压力和经济损失。如消费者在酒店进行娱乐活动时，项目挑选较随意多变。面对这种广泛选择的购买行为，当酒店处于市场优势地位时，应注意以各种渠道销售其产品，并通过提醒性的广告促成消费者建立习惯性购买行为；而当酒店处于非市场优势地位时，则应以降低产品价格、免费试用、介绍新产品的独特优势等方式，鼓励消费者进行多品种的选择和新产品的试用。

第三章　酒店产品开发与销售

第一节　酒店产品的开发与定价

一、酒店产品的开发

酒店产品指的是顾客在下榻酒店期间，能够满足顾客某种需求的任何有形产品和附着在有形产品上的无形服务的综合体，包括设施、设备和餐饮等有形产品以及服务、地理位置和酒店形象等无形产品。

（一）酒店产品的开发策略

1. 在酒店密集地区实施酒店市场细分策略

酒店在市场细分时要密切关注社会环境、国家政策以及顾客需求的变化，有效的市场细分确定了各自的目标细分市场，可以有效地减少与同行重叠性的竞争因素，从而在各自的目标市场上获得最大的利润。比如国家提倡一切从简，避免铺张浪费后，高中档酒店客源减少，但各种聚会宴庆，比如政宴、商宴、家宴等并不会减少，这时高中档酒店在响应国家政策的同时，应充分利用场地和技术上的优势，转变营销理念，迎合大众的消费理念，制订独具特色的营销措施和消费产品等，抢占有利的市场，吸引和维护新老顾客；而中档酒店要看到自身的优势和劣势，尽量避免与高档酒店“争地盘”，要利用自己的优势，制订具有自身特色的营销策略、生产新颖独特的酒店产品，瞄准低端酒店这个目标市场，抢占优势地位，以不可挑剔的实力、独具特色的产品和优质的服务吸引更多的消费者。

而坚持走大众消费之路的品牌酒店，要针对不同的消费群体生产不同规格档次的消费产品，比如中高端商务人群的高品质、高质量的高档消费品，老龄人群的舒适保健的消费品、新生代人群的多样化体现生活质量的消费品等，突出酒店的个性化、精准性的服务，做到特色、高附加值和顾客高度满意三者的和谐统一，让客人感受到与其他酒店不同的服务特色，全面提升酒店服务档次和质量。

2. 加强员工培训，提高酒店服务质量

随着顾客消费需求的多样化和个性化，过于同质化的产品将不能满足顾客的需求。酒店只有不断创新，开发出独具特色和拥有丰富文化内涵的产品，突出特定的民族特色和民族风味的产品，为顾客提供优质的、颇具个性化的服务，才能满足顾客个性化的需求，提高顾客的满意度。这就需要酒店加强在职员工服务技能和管理水平方面的素养，使员工的服务更加规范化、质量化，从而更加多样化、个性化，能针对不同的消费群体，提供不同的服务方式，同时要提高员工的薪酬和福利待遇，给予员工更多的学习培训和岗位提升的机会，为员工指明职业生涯规划，提高员工工作的积极性，使他们发挥自己的最大潜能，从而提升酒店内部的凝聚力，减少员工流失。同时酒店还可以开展与校企的合作，使酒店成为各高职院校酒店管理专业的实训基地，强化实践教学环节，让在校生轮流到酒店实习，为酒店培养“精服务、懂营销、会管理”的高技能人才，这样酒店便可以率先抓住毕业生这个新的群体，在培养中也可以发现管理方面的人才，并积极抛出“橄榄枝”，避免人才外流。

3. 建设企业文化，打造酒店品牌

酒店要创建自己独特的企业文化，打造酒店品牌，首先要挖掘酒店的品牌价值。品牌的首要功能就是它的识别功能和传播功能，品牌的经营离不开企业文化的塑造，可以说一个酒店的品牌体现的便是这个酒店企业的文化内涵和特色。随着酒店市场消费群体越来越追求消费的个性和品位，酒店只有合理地开发自身的文化资源，展开文化攻势，提升酒店的文化品位，才能形成独具特色的品牌优势，在众多优质品牌中脱颖而出。同时，在酒店服务品牌的营建过程中，要站在顾客的角度看问题，创造出既具有本酒店特色的又能为顾客带来高附加值的品牌，让顾客能充分感觉到酒店产品的安全、优质、高效和物有所值，实现真正的满意。其次，要保持酒店品牌的鲜明个性和特色文化。品牌个性包含视觉层面和文化层面，建立独具个性的品牌视觉形象，必须根据自己的特色，在酒店建筑设计、内部装修布局、装饰点缀、广告招牌、图文标识、产品名称、色彩、灯光、声控艺术、店徽、店名、店歌、店服、酒店经营宗旨、酒店管理理念、企业文化、企业精神、企业规章制度和行为准则等方面塑造酒店个性化形象，锁定目标客户群。

二、酒店产品的定价

定价策略是酒店收益管理的核心内容，早有众多学者论述价格策略对酒店的重要性。美国酒店管理专家 Robert 撰文指出，在不增加营销投入的情况下，合理的定价策略能够将酒店收益提升 8% 左右，对利润提升的贡献率高达 60%。国际知名酒店品牌很早就意识到收益管理给销售收入和酒店战略决策带来的影响，内部都设置有酒店收益管理部门进行定价方面的管理。中国酒店市场面临着消费者结构调整，同行业之间竞争加剧和整体酒店市场需求放缓的压力，使越来越多的本土酒店开始关注酒店销售的定价策略研究。

定价策略就是充分认识消费者不同的需求弹性和价格接受度，实现销售价格的细分，最终实现销售收入最大化。传统的定价策略将消费者需求和酒店产品定价分离，以酒店产品成本和预期利润率为定价基础实施定价策略，互联网时代的信息共享和酒店网络预定技术的成熟对这一传统的定价形成挑战。面对多样化的消费者需求和更加透明的信息环境，酒店需要重新思考定价策略。

（一）以竞争合作为定价基础的价格策略

各大在线旅游平台为了在酒店市场竞争中获取消费者的青睐，开展各种名目的营销活动大肆补贴消费者，恶性的价格战严重冲击了酒店的价格体系，致使酒店价格波动非常大。酒店一般都向消费者承诺自营渠道的产品价格永远是市场上的最低价，而携程网等在线旅游平台的不定期补贴活动导致分销渠道的价格会略微低于自营渠道的价格，虽然酒店并没有主观上违背对消费者的承诺，但消费者并不清楚酒店作为服务提供方无法实现承诺的原因，因此，不同渠道价格的混乱影响了品牌形象的树立。因此，以竞争合作为定价基础，统一不同销售渠道的价格，重新获取消费者信任，是酒店价格策略最基础的任务。

1. 酒店和在线旅游平台应当重新认识双方的关系

当前主流观点认为，在线旅游平台和星级酒店虽然是合作与竞争关系并存，但是竞争多于合作。在这种观点的影响下，在线旅游平台选择同业收购与兼并的方式，试图在在线渠道上形成垄断地位，而星级酒店为了避免过度依赖在线旅游平台，纷纷选择建立同业联盟“抱团取暖”，将销售份额从分销渠道逐渐向自营渠道转移。实际上，这是三方受损的局面。作为消费者，由于这种恶性竞争导致购买方式过于分散，增加了消费过程的复杂性；酒店为了避免被扼住渠道的喉咙，投巨资自建渠道，成本高，风险大；在线旅游平台兼并之后大幅度提高佣金和不考虑酒店利益而实施各种营销活动，直接减少了酒店的供应量。因此，酒店和在线旅游平台应当充分意识到合作基础上竞争的重要性，平台端应充分发挥信息优势和技术优势，酒店端应利用在线旅游平台提供的消费者信息适时调整定价策略，在有底线的基础上竞争，才能在最大程度上实现各方资源的互补。

2. 意识确立后需要深化双方的沟通机制

以价格一致性作为双方沟通的核心，以合同的形式确保同一酒店产品在不同销售渠道上价格的统一，避免因价格冲突而导致的消费者信任的缺失和酒店自身形象的损害。在线旅游平台在保护酒店价格体系和品牌定位基础上的营销活动是允许的，在此基础上的营销活动也有利于酒店品牌的推广，是双方都受益的两全其美之策。

（二）以客源多样化为基础的个性化定价策略

作为服务行业的代表，酒店服务的对象始终是多样化的，移动互联网对酒店营销模式有着深远的影响，但服务的本质不会因此而改变。星级酒店作为酒店类的高端消费品，客户群体的整体购买力较高，但是客户属性仍然存在差异。将客源市场上的消费者进行细分，针对不同的顾客群体应采取不同定价方式的个性化定价策略。结合酒店的顾客群体，个性化定价策略主要有以下几种类型：

1. 针对会员顾客群体的定价策略

根据《哈佛商业评论》的研究：与开发新顾客相比，一个老顾客能够给企业多增加30%~70%的收入，老顾客积淀每提高1%，对企业收益的影响能够达到5%。酒店的会员作为主要的老顾客，具有极高的品牌忠诚度，会员顾客的重复购买是对酒店服务持续的肯定，通过对会员顾客实施单独的价格策略，使其享受酒店尊贵服务的同时，感受到会员和普通消费者在价格上相对的价格优势。

2. 针对高消费人群的定价策略

酒店顾客群体中，具有高消费水平的顾客如企业高管、私营业主等，他们的特点是对互联网的依赖度较低，对价格敏感性极低，受到营销活动低价的冲击小，甚至有些消费者希望通过远远高于市价的方式凸显自己身份的尊贵。对于这类消费者，酒店将客房产品和其他配套产品打包，用混合产品的方式模糊某种单体产品的实际价值，运用声望定价法、分级定价法等方法作为定价模式，利用高于产品本身价值的定价方法满足该类消费者的心理需求。

3. 以年轻消费者为对象的定价策略

随着80、90后一代逐渐成长为酒店的消费主力，也需要考虑他们的价格需求。这类消费者受限于购买力的影响，往往表现出对价格较高的敏感度，既希望获得星级酒店的消费体验，又苦苦寻找最低的购买价格。因此，星级酒店应当与年轻人使用黏性较高的移动应用或在线旅游平台深度合作。具体定价方法上可采取尾数定价法影响顾客对价格的认知，采用团购等方式顺应消费者心理的折扣需求。

（三）以顾客需求为基础的定价策略

价格信息透明化是移动互联网带给星级酒店的重大挑战。在传统的酒店销售渠道下，酒店与各类渠道商签订严格的价格保密协议，保证酒店价格在一定程度上的模糊性，而在移动互联网环境下，价格非常透明。如果星级酒店将主要的精力放在竞争对手身上，自身价格体系随竞争对手价格体系变化而变化，最终导致的就是产品整体价格的下降，酒店客房收入和品牌形象受到双重损害。酒店如果想缓解价格透明带来的压力，从在线旅游平台手中抢回价格主导权，就应当从学习竞争对手的模式中走出来，将关注的焦点集中在移动互联网时代下的消费需求上，并运用互联网技术搜集消费者需求反馈的信息，全面提高酒店的客房收益。

首先需要整理和统计顾客在购买酒店产品时留下的相关信息，按照不同的购买渠道，整理出消费者的年龄段、购买能力等信息，分析客户预订酒店的主要途径，在充分掌握消费者信息的基础上分析顾客需求。运用预订渠道已有的消费者信息，结合酒店会员系统以及大数据计算公司提供的综合数据，识别出消费者购买意愿和酒店品牌之间的关系，分析重复购买率最高的消费者表现出哪些异于其他消费群体的特征，进而实施有针对性的定价策略。在充分认识消费者需求动态变化的基础上，制订酒店最优价格体系，如果有迹象表明未来一段时间内酒店的客房资源存在供不应求的潜在可能性时，酒店可以采取适度的提价策略，如果能够充分预计出未来某一时刻的酒店需求量可能下滑，就应当先于市场反应主动减价来降低需求下降的影响。

移动互联网时代，产品信息和价格信息的交流更加充分，定价策略的制订难度更大，与此同时，能够采取符合市场发展趋势定价策略的酒店，面对竞争压力时必将有更好的表现，也能更好地使收益管理逐渐走向精细化。

（四）价格策略

1. 走大众路线，制订经济实惠的价格

酒店产品生产及营销的基础就是酒店需要投入的成本，酒店要做到满足不同顾客以及不同时期的顾客需求，需要以季节或者某一个时间段为依据，制订灵活的、不同层次的价格，推出不同系列的产品，只有制订合理的符合市场规律及政策要求的价格，才能吸引顾客，以达到最终的营销目标。

2. 降低酒店经营成本

建设节约型酒店、绿色酒店将成为市场的主旋律，倡导绿色营销重点在于节约能耗、节约资源、保护环境。酒店要想紧追潮流，就需要在产品的生产、材料的选择和营销模式的制订等方面，体现出绿色、环保、经济等特点。同时，要实行集团化经营管理，建立集团管理系统，包括人力资源、财务管理、营销管理、服务质量标准控制系统等，实现集团与成员酒店之间客户、人力、技术等资源的共享，不但给酒店带来了更多的客源，还降低酒店的经营成本，提高了酒店的利润。

3. 创建品牌，保持价格优势

品牌优势就是价格优势。品牌的成功创立，可以凝聚整合酒店的内部资源，协调营销策略，形成市场的竞争优势，在市场上拥有一定的影响力，从而吸引新消费群体的注意力，提高酒店的经营利润。

第二节 酒店产品的销售渠道

一、酒店营销渠道的概念及作用

（一）营销渠道的概念

营销渠道，又称为“销售渠道”，也称为“分销渠道”或“交易渠道”，是营销组合的重要决策元素之一。酒店营销渠道是酒店把产品和服务销售给顾客的途径或者向宾客提供产品过程中经过的各个环节的形式。它主要包括中间商、代理中间商，以及处于渠道起点和终点的酒店与顾客。在商品经济中，酒店产品和服务必须通过交换，发生价值转移的运动，使酒店产品使用权从一个所有者转移到另一个所有者，直至顾客手中，这称为商流。伴随着商流，酒店产品和服务从酒店到达顾客手中，便是营销渠道或分配途径。分销的重要性主要是由于酒店产品的不可储存性，迫切要求酒店通过不同的营销渠道销售其产品。当今的全球化趋势、竞争和现代信息技术的发展，再加上酒店产品的不可储存性特征，使酒店分销越来越重要，占领新市场和现有的市场需要有创新的方法。全球化意味着酒店必须选择外国合作伙伴联合营销和分销产品。现在国际酒店集团之间通过行业协会等方式展开不同形式的合作，现代信息技术导致不同种类的分销和预订系统的发展。

（二）营销渠道的作用

营销渠道策略是市场营销组合策略之一。它同产品策略、促销策略、定价策略一样，也是酒店能成功地将产品打入市场、扩大销售、实现酒店经营目标的重要手段。

由于酒店产品生产与消费同一性的特点，决定了酒店不是通过一定的营销渠道把酒店产品和服务输送给分散的消费者进行消费的，而是通过各种渠道把宾客吸引到酒店来进行消费的。在整个销售和经营过程中，它们发挥着重要的作用：

1. 缩短酒店与消费者在空间上的距离，便于消费者购买；
2. 保证及时向消费者提供他们所需要的产品和服务；

3. 向消费者提供信息，使顾客了解酒店的产品和服务；

4. 寻找潜在顾客并与之沟通，扩大酒店客源市场；

5. 减少酒店与顾客之间的接洽次数，尤其是减少跨地区的接洽，节省人力、物力，降低营销成本，提高经济效益。

一家酒店占有市场份额的大小，主要取决于市场和酒店的空间距离、酒店产品、酒店规模、销售渠道等，销售渠道越多，就越能方便顾客购买。

二、酒店产品的营销渠道

（一）直接营销渠道

直接营销渠道是指酒店将产品和服务直接供应给顾客，没有中间介入。直接营销渠道的形式是：酒店→顾客。

1. 直接营销渠道的方式

（1）预订销售

预订销售是指酒店通过互联网预订平台、电话、传真或接受客人亲自上门的方式，将产品和服务销售给顾客。

（2）自开销售网点

自开销售网点是指酒店通常将销售网点设立在用户较集中的地方或商业区等。

2. 直接营销渠道的优缺点

（1）优点

有利于酒店、顾客双方沟通信息，可以按需定制，更好地满足目标顾客的需要；可以使酒店和顾客双方在营销上相对稳定；可以在销售过程中直接进行促销。

（2）缺点

酒店若凭借自己的力量去广设销售网点，往往力不从心，甚至事与愿违，很难使产品在短期内广泛分销，很难迅速占领或巩固市场；中间商在销售方面比酒店的经验丰富，这些中间商最了解顾客的需求和购买习性，在商业流转中起着不可缺少的桥梁作用。而酒店自销产品就拆除了这一桥梁，势必自己去进行市场调查，包揽了中间商所承担的人、财、物等费用。这样会加重酒店的工作负荷，分散酒店的精力；当酒店仅以直接销售渠道销售产品，致使目标顾客的需求得不到及时的满足时，竞争者就可能乘虚而入，进入目标市场，夺走目标顾客。

（二）间接营销渠道

间接营销渠道是指酒店利用中间商将产品供应给顾客，即有中间商介入的交换活动。

1. 间接营销渠道的典型形式

酒店→批发商→零销商→顾客

2. 间接营销渠道的优缺点

（1）优点

第一，有助于产品广泛分销。中间商在酒店与顾客之间，有助于产品广泛分销，从而有利于调节酒店与顾客在品种、数量、时间与空间等方面的矛盾。既有利于满足酒店目标顾客的需求，也有利于酒店产品价值的实现，更能使产品广泛地分销，巩固已有的目标市场，扩大新的市场。第二，有利于缓解酒店人、财、物等力量的不足。中间商购走了酒店的产品并交付了款项，就使酒店提前实现了产品的价值，开始新的资金循环和生产过程。此外，中间商还承担销售过程中其他方面的人力和物力，这就弥补了酒店营销中的力量不足。顾客往往是货比数家后才购买产品，而一位中间商通常经销众多酒店的产品，中间商对同类产品的不同介绍和宣传，对产品的销售影响甚大。此外，实力较强的中间商还能支付一定的宣传广告费用，具有一定的售后服务能力。所以，酒店若能取得与中间商的良好协作，就可以促进产品的销售，并从中间商那里及时获取市场信息。第三，有利于酒店的专业化协作。现代生产的日益社会化和科学技术的突飞猛进，使专业化分工日益精细。中间商是专业化协作发展的产物，有了中间商的协作，酒店可以从烦琐的销售业务中解脱出来，集中力量进行生产，以提高生产经营的效率。

（2）缺点

第一，可能形成“需求滞后差”。中间商购走了产品，并不意味着产品就从中间商手中销售出去了，有可能销售受阻。对于酒店而言，一旦其多数中间商的销售受阻，就形成了“需求滞后差”，即需求在时间或空间上滞后于供给。第二，可能加重顾客的负担，导致抵触情绪。中间环节的增多会增加顾客的负担。此外，中间商服务工作欠佳，可能导致顾客对商品的抵触情绪，甚至引起购买的转移。第三，不便于直接沟通信息。如果与中间商协作不好，酒店就难以从中间商的销售中了解和掌握顾客对产品的意见、竞争者产品的情况、酒店与竞争对手的优势和劣势、目标市场状况的变化趋势等。

（三）长渠道和短渠道

营销渠道的长短一般是按通过流通环节的多少来划分的，具体包括以下渠道：

1. 零级渠道

即由酒店直接到顾客。

2. 一级渠道

即由酒店通过零销商到顾客。

3. 二级渠道

二级渠道即酒店→批发商→零售商→顾客，或者是酒店→代理商→零售商→顾客。

4. 三级渠道

即酒店→代理商→批发商→零售商→顾客。

可见，零级渠道最短，三级渠道最长。

（四）宽渠道和窄渠道

渠道宽窄取决于渠道的每个环节中使用同类型中间商数目的多少。酒店使用的同类中间商多，产品在市场上的分销面广，称为宽渠道；酒店使用的同类中间商少，营销渠道窄，称为窄渠道。

（五）单渠道和多渠道

当酒店全部产品都由自己直接所设的门市部销售或全部交给批发商经销，称之为单渠道；多渠道则可能是在本地区采用直接渠道，在外地则采用间接渠道，在有些地区独家经销，在另一些地区多家分销等。

三、中间商渠道的必要性

酒店一般都将一部分营销工作授权给中间商进行，例如将一定比例客房的销售权交给旅行社等中间代理机构。事实上，酒店产品如果从酒店直接到消费者手中酒店可以获得最大利益，但是如果抛开中间商完全进行直销的话，可能因为财力、劳务、广告等方面的局限性，不能实现预期的销售额。因此各种吸引宾客到酒店的销售渠道，应成为市场营销中的主要手段，对酒店营销渠道的选择和运用正确与否，也就直接关系到酒店产品和服务的价值与使用价值能否顺利实现，也关系到酒店直接营销工作的成败。酒店利用中间商渠道的必要性具体体现在以下几个方面:

（一）降低成本，提高经济效益

在现实中，营销包括调研、制订计划、广告、招徕等多重环节，工作繁杂，关系复杂。采用中间商可免去很多重复工作，可以节省时间、人力、物力、财力等，降低营销成本，提高经济效益；还可以代替酒店做一些难以做到的工作，保证酒店销售工作的顺利进行。

（二）有利于扩大销售量

由于中间商具备与消费者的广泛联系、与消费者在特定空间上距离较短、可以将酒店产品组合到整个旅游产品当中等优势，可以把酒店产品销售给更多的消费者，极大地促进了酒店的销售额度。

（三）有利于扩大市场份额

酒店由于人力和财力的限制，不可能仅靠自身的力量进行推销和宣传活动，而酒店的客源又较分散，宣传、招徕运作起来难度较大。而且即使进行大范围的宣传，也不可能对所有适合自己的细分市场做到面面俱到。所以酒店与其将大量的物力财力投入到效果并不明显的宣传和建设自己的销售网点上，不如与中间商合作，快速稳定地赢得市场份额。

四、酒店营销渠道的功能

营销渠道执行的任务是将酒店产品和服务从酒店转移到顾客，它弥补了由于酒店产品和服务与顾客在时间、地点和持有权等方面的缺口。营销渠道成员执行了一系列重要的职能。

（一）提供信息

收集制订计划和进行销售所必需的信息。中间商作为酒店与顾客双方的桥梁，应负责向酒店和顾客提供市场和产品服务等双方感兴趣的信息，促进酒店与顾客之间的沟通和了解。

（二）促销

进行关于酒店产品和服务的说服性沟通。所以酒店应当为中间商的促销提供相应的材料，如宣传手册等。

（三）接洽

寻找可能的顾客并与之进行沟通。

（四）匹配

使酒店的产品和服务符合顾客需要。

（五）购买

中间商在获得顾客预订要求后，向酒店预订客房。在有些酒店客房紧缺的地方，以及酒店营业旺季，中间商为了保证能获得预订的客房，也采取向酒店预订批量客房，然后再组织客源的做法。

（六）融资

酒店中间商必须负责筹集用于向酒店预订客房的资金以及向顾客提供信贷等所需的财务资金。

（七）风险承担

中间商对于代理销售过程中可能造成的损失负有承担风险的责任。

五、酒店产品的分销策略

互联网打破了时间和空间的限制，将酒店产品信息最快、最全面地传递到世界各地。在这个如此快捷方便的时代背景下，酒店应充分利用互联网优势，将酒店的产品信息、服务方式以及酒店文化等以图片、文字、视频等形式在互联网上展示出来，甚至可以在线互动，与顾客沟通酒店信息的同时，了解顾客的兴趣、爱好和需求，重新整合产品，最大限度地满足客人的个性化需求，使酒店产品的销售渠道得到前所未有的拓展。

酒店甚至还可以通过电子信息平台，建立自己的酒店预订系统，在互联网上开辟自己的营销窗口，将目标客源拓展到全球范围，实现酒店知名度的提升。同时酒店还需要注意到在网络营销的建设中，移动网络和社交媒体对酒店营销的影响越来越大，酒店应对市场进行重新定位，向动态价格营销方式转变，创建不同的分销渠道，发布自己的促销信息，扩大市场，吸引客源。只有这样，酒店才能通过移动营销、社交媒体以及个性化营销逐步夺回市场控制权。

第三节 酒店产品的促销

酒店促销就是酒店经营者将有关酒店产品的信息通过各种宣传、吸引和说服的方式，传递给产品的潜在购买者，促使其了解、信赖并购买自己的酒店产品，以达到扩大销售的目的。

一、促销策略概述

（一）传统视角下的促销策略

传统视角下的促销策略主要分为广告、销售促进、公共关系等方式的组合，酒店促销意味着通过这些具体的促销方式实现酒店产品的推广和销售。

广告是指由明确的广告主，以付费的形式通过媒体开展公开宣传，达到影响消费者行为，促进销售相关产品目的的非人员促销方式。按照广告媒体的不同，可以将广告分为报纸广告、杂志广告、电视广告和户外广告等。酒店广告的目标一般为告知型、劝导型和提醒型三类，通过评估酒店广告的吸引力、独特性和可信度来判断广告目标是否达成。酒店广告最终的效果反映在沟通层面和销售层面，即潜在消费者在受到广告影响之后，对广告传递的内容是否能够做出符合宣传初衷的解读，沟通层面可以视为酒店广告的营销效果；另一方面，酒店广告投放之后的一定周期内，酒店销售业绩是否出现明显差异，销售层面则反映的是销售效果情况。

销售促进是指在特定的时间段内促使酒店消费者尽快购买酒店产品或服务而采取的一系列措施和手段。广告为消费者提供了购买的理由，销售促进则提供了购买的刺激条件。

公共关系是酒店为了树立特定企业形象，改善与提高酒店和公众之间的关系而采取的一系列公关活动。酒店良好的公共关系管理是促销策略的重要组成部分，因为良好的公共关系能够加深消费者对酒店产品的正面印象，增强企业内部凝聚力。公共关系的活动方式大致有赞助和支持社会各项公益的活动、新闻报道活动、建立与有关机构友好联系的活动、建立企业内部员工良好关系的活动等。

（二）移动互联网视角下的促销策略

移动互联网带给酒店促销策略的最大影响是技术环境的升级。技术环境的变化为酒店充分认识消费者行为提供了便利。移动互联网视角下的促销策略是运用新技术和新渠道，对传统促销方式下的促销手段进行改造的过程，主要表现出以消费者为导向、体验式促销创新和更加精准的个性化促销手段等新特点。

在传统的促销策略下，消费者行为具有内隐性特征，难以通过外部观察了解准确的消费者行为特征，而基于移动互联网技术的消费者信息积累能够帮助酒店营销者客观地判断消费者行为。微博、微信等移动互联网产品不仅是酒店维护公共关系的渠道，也是和消费者建立沟通的渠道，使酒店实施更加精准的促销策略。

传统的体验促销受到消费信息交流不充分的限制，带给酒店的影响力较小。移动互联网背景下，酒店和在线销售平台合作，推出体验式产品，体验式促销创新主要表现在酒店在整个活动中的主导作用。传统模式下，酒店促销一般是推出方案→投放市场→被动等待消费，而移动互联网视角下，则是酒店完全控制整个活动流程。

二、酒店外部的人员推销

人员推销，是酒店员工以各种方式向客人提供信息，进行沟通，并促使客人购买本酒店产品和服务的营销活动。人员推销，具有选择性强、灵活性大、与客人直接接触、双向交流、反馈及时等特点。其缺点是费用高、效率低、覆盖面小。酒店外部的人员推销多由专职推销人员进行。

（一）酒店外部人员的推销任务

1. 收集销售情报

推销人员应该对客源市场尤其是目标市场不断地进行调查研究，收集各种情报信息，以保证自己的推销工作能够有的放矢，能灵活机动地调整推销策略和方法，减少失误，避免上当受骗。

2. 保持原有客源

这主要是通过定期或不定期的一般性销售访问来实现的。在这种访问中，推销人员要了解客人的需求及其变化，着重宣传酒店产品和服务的质量，尤其是推介新产品，尽力与客人建立起朋友式的良好关系且经常联系，目的在于长久性地保持和提高酒店的销售额。

3. 开发新客源

推销人员必须不断地寻找新的客源。常用的方法有：（1）请宾客或亲朋好友介绍；（2）请供应商、中间商、非竞争对手的销售人员、酒店协会等介绍；（3）参加某些团体或某些社会活动，如旅游博览会和交易会，与可能的客人见面并了解他们的情况；（4）通过报纸、杂志、工商企业目录、电话簿等资料寻找可能的客源；（5）在各种社交活动中去发现可能的客源；（6）通过互联网、E-mail寻找新的客源；（7）通过酒店内部的客史档案资料和各部门的其他有关资料寻找潜在客源等。

4. 实现直接销售

推销人员应该充分发挥自己与客户接洽、报价、答疑、谈判和签约的能力，促使客人接受并购买自己酒店的产品，实现直接销售。

（二）推销的基本方法

1. 推销访问前的准备工作

推销员在推销前必须充分做好以下准备工作：（1）选择推销目标。能不能科学地选择推销目标，决定着推销成功概率的高低。要科学地选择推销目标，就要详尽地了解和分析客户的情况，包括财务状况与能力、有哪些特殊要求、可能成交的概率和数量、地理位置、长期业务交往的可能性、购买决策人是谁、实际购买者的性格和购买方式、影响客户购买的内部和外部原因、客户目前接受的酒店产品的优点与缺点等。（2）确定访问的目的。或是建立新的联系，或是保持老的联系，或是推介新的产品，或是实现直接销售等。（3）根据访问目的确定推销访问的方式。或是派员上门，或是电话推销，或是书信推销等。（4）根据访问目的和方式，拟定洽谈提纲和策略。（5）整理或准备好推销访问所需要的各种产品信息资料，包括产品的名称、制作方法（或服务方法）、功能、特点、质量、与竞争对手的区别等。

2. 与客户约定会面时间

对客户进行第一次推销访问，一定要约定时间会面，而不要采用随机访问（突然登门）的形式。约定会面的优点是：（1）表明自己很有礼貌，也很重视与对方的这次会面。（2）不会浪费时间，无功而返。没有预约，往往会因为要拜访的客人不在或没有时间接待而使自己“出师不利”。（3）能够提高访问的成功概率。一方面，约定会面后自己能够做好充分的准备；另一方面，客人常常也会专门为你安排一段时间，不会因时间太少而使会谈不充分或手忙脚乱、匆匆收场。

约定会面时间一般是通过电话预约。其基本技巧是：（1）注意长话短说，简明扼要。记住目的是要求对方安排一次会面，而不是要做成一笔交易。（2）注意讲话速度，要不快不慢。语速太快，显得心情紧张；语速太慢，显得信心不足。（3）注意把握好电话交谈的内容。其内容应包括：介绍自我及自己服务的酒店；说明电话预约的目的；请求对方安排时间。在交谈中，要尽量使对方明白会面可能给对方带来的好处，以引起客户的兴趣。（4）注意分辨客户推辞的真实原因：电话预约时遇到客户的推辞，是常见的，也是很正常的现象，关键在于推销人员要能够分辨出对方推辞的真实原因。如果对方是对你的产品根本不感兴趣，则应该与客人“再见”；如果客户是其他原因而推辞，则应该灵活处理，或提出几个时间请客人选定，或请客人在有时间时与自己联系（可能客人根本就不会主动与你联系，但这样做可以为自己下一次与客人联系留下机会），或等下一次联系时再约定会面时间。总之，只要不是客户对你的产品根本不感兴趣，就不要放弃。成功的推销员常常都是在克服很多次推辞后，才实现交易的。

3. 访问与推销

访问与推销的成功与否，很大程度上取决于推销员的销售陈述。销售陈述一般有以下几种类型：

（1）记忆型陈述——推销人员记住并按照编辑好的内容和次序进行陈述。优点是使销售陈述标准化，能够确保销售要点的介绍，也易为新推销人员掌握和运用；缺点是机械化，容易使客人产生生硬的感觉，不利于客户的参与，只是强调自己产品的特点、长处，而忽略了客户对产品的个性需求。

（2）提纲型陈述——推销人员只记住陈述内容的提纲，然后在访问现场进行灵活机动的发挥。优点是既保证了销售陈述要点不被忽略，又能创造一种和谐的交流气氛，激起客户的兴趣和参与。缺点是只适合于富有经验的推销人员。

（3）视听辅助型陈述——运用视听工具来辅助陈述。优点是既保证了销售要点无一遗漏，又给客户以形象生动的视听感受，能最大程度地激起客户的兴趣，并减轻销售人员的工作量。

（4）需求确认型陈述——推销人员与客户一起合作，确认客户的需求，并提出能够满足此需求的最佳方案。

（5）调查型陈述——全面调查客户所处的环境和形势、具体状况和具体需求，然后确认陈述的内容。这种方法的成功概率较大。不同特点的推销人员面对不同的客户，应该运用不同的销售陈述方法。

一个成功的推销人员，在其销售陈述中首先应该注重推销产品的使用价值，即预订、拥有和使用该产品会给客户带来的好处、利益和满足；其次，应该注重推销产品的差别优势；最后，要善于把握时机。当客户对服务不满时，推销人员绝对不要进行任何辩解，而应该立即表示歉意，并请求对方给予改进的机会。

三、酒店的营业推广

酒店的营业推广，指酒店为了迅速扩大需求而进行的各种短期的、带有刺激性或鼓励性的促销活动。其主要作用是提高客人的回头率，并刺激客人扩大需求，更多地购买产品和服务；扩大淡季和非营业高峰期的销售量；推广新产品。营业推广的常用方法有：

（一）价格优惠

价格是影响顾客购买行为的一个重要因素。在淡季、节假日或某些特殊时期，运用价格优惠的营业推广方法，往往很有效果，尤其是刺激本地居民的消费更为有效。

（二）幸运抽奖

用幸运抽奖的方法来吸引和刺激顾客多次光临。奖券可以用各种方法传递给客人，如报纸杂志、广告、邮寄，或附在入场券上；抽奖的方式可以多种多样，但一定要显示诚信无欺、公正公平；奖品也应该多样化，可以是实物，也可以是各种入场券、一次性免费消费券或一次旅游等。

（三）鼓励重复购买

给长期客户和回头客以各种优惠和激励，目的是提高客人回头率。例如，一家新开业的酒楼对每次前来消费100元以上的客人赠送20元消费券，以吸引客人下次再来消费。

（四）退款承诺

酒店承诺对没有获得满意服务的客人给以全部或部分退款，这是促使客人对酒店产品和服务具有信心，从而放心购买的营业推广方法。如一些酒店规定，客人送洗的衣服如果没有在规定的时间内送回，则不收取客人的洗衣费用，房内用餐或餐厅点餐没有在规定时间内送达，客人可以免费用餐。不过这种方法不能在所有的服务项目中推行，必须谨慎运用。

（五）特殊服务

特殊服务，指给一些重要客人以优先订房权、赠送特别礼物（如水果篮、果盘等）、免费专车使用、支票兑换现金等特权。所谓重要客人，除一般意义上的VIP外，还包括酒店俱乐部成员、长期客户、某些特殊的签约单位等。

（六）酒店俱乐部

成立酒店俱乐部是稳住客源，尤其是稳住高消费客源的一种有效手段。俱乐部的形式可以多种多样，目前常见的有健身俱乐部、高级管理人员俱乐部、金融家俱乐部、证券投资家俱乐部、秘书俱乐部等。客人以交费形式参与俱乐部，酒店则给俱乐部成员以各种特殊优惠和特殊服务。

（七）主题活动

主办各种形式的主题活动来进行促销，这是酒店推广中常用的方法。主题活动应该灵活多样。常见的主题活动有三类：（1）特别节假庆典活动，如元旦、中秋、国庆、圣诞等；（2）公关主题活动，如明星演唱会、各种音乐会、明星与粉丝见面会、新闻发布会等；（3）专项宣传促销活动，如酒店食品节、夏季啤酒节、美食节等。

（八）赠送礼品

赠送礼品，可以增强酒店与客人之间的感情和友谊。同时，赠送精心设计的礼品也是宣传酒店产品和服务的一种有效手段，如在礼品上印上酒店标志、店徽等。

第四章　酒店内部管理

第一节　内部关系营销的概念

一、关系营销

（一）关系营销的内涵

现代市场营销理论的发展可以分为以下几个阶段：20 世纪 50 年代是消费者营销；60 年代是产业市场营销；70 年代是社会营销；80 年代是服务营销；进入 90 年代以后是关系营销。关系营销概念是由西方的营销学者对大量企业的营销思想、营销策略、营销行为进行分析总结之后提出的，以建立、维护、促进、改善、调整企业“关系”为核心的理论。这一理论是由 20 世纪末美国学者贝瑞（Berry）最早提出的，并在 20 世纪 80 年代末至 90 年代得到了广泛的传播、发展与应用。关系营销是以系统论为根本指导思想，认为企业营销是一个与消费者、竞争者、供应商、分销商、政府机构和社会组织发生互动作用的过程，正确处理这些个人和组织的关系是现代营销的核心，是企业经营成败的关键。

酒店的关系营销主要包括内部员工关系营销、顾客关系营销、合作者关系营销和公共关系营销等。

（二）关系营销的特征

1. 关系营销是以协同和沟通为基础的营销

在现代市场中，企业与顾客之间以及企业与企业之间保持良好的长期合作关系有助于保持企业的稳定发展。与营销网络中的各成员建立长期、良好、稳定的伙伴关系，是企业保证营销额和营销利润稳定增长和市场稳步扩大的重要基础。

2. 关系营销是一种双向的信息沟通过程

在关系营销中，信息交流应该是双向的，企业应主动和顾客进行双向信息的交流，这对于加深顾客对企业的认识，满足顾客的特殊需求以及留住顾客有重要意义。

3. 关系营销是以双赢互利为出发点的营销

关系营销的实质是双方各自利益的实现，企业用产品或服务从顾客那里获取利润，顾客则用货币从企业那里获得自己所需的产品或服务，否则双方就不会建立良好的关系。在实际的经营过程中企业要把服务、质量和营销结合起来，重视实现企业、顾客之间的互利双赢。

（三）酒店企业实施关系营销的必要性

酒店企业的最大特点之一是服务消费，是过程消费而不是结果消费，顾客把服务生产过程看成消费的一部分。酒店的服务产品具有的特点包括：服务是无形的；服务是一种或一系列的行为，而不是具体的实物；在服务过程中生产与消费同时发生；顾客的参与性强；等。由于服务的这些特殊性，酒店服务产品的质量衡量就有了相对的主观性。顾客在评价服务产品质量时，依靠的不是产品的技术质量或实际质量，而是他们对服务的全面可感知质量。全面可感知质量是由酒店服务产品的实际质量和顾客在消费前的期望质量相比较产生的，是影响顾客对服务的感知和质量评价的关键。服务的提供者即酒店员工与顾客经常有各种各样的直接接触，这样关系就很容易建立起来。酒店企业开展关系营销还可以通过酒店与顾客间的良好关系建立顾客对酒店的忠诚，而吸引新顾客的成本可能是保持现有顾客满意的成本的 5 倍。因此，酒店为实现品牌忠诚，实施关系营销的意义特别重大。

二、内部关系营销

（一）内部关系营销的内涵

在服务研究中，内部关系营销被描述成吸引、保持和激励具有顾客导向的员工的公司战略，强调随时让员工了解对外的承诺，培训他们实现这些承诺的技能。同时，一线员工依赖其他部门员工的服务，公司内部的每一个员工都是另一个人的内部顾客，这就形成了内部顾客关系，内部服务质量将会影响员工工作满意度，最终影响到顾客满意度。高质量的内部服务和内部顾客导向与外部服务质量和顾客导向一样重要。因此，关系营销不应局限于一线员工而应当扩展到所有的员工。

内部关系营销对劳动密集型的服务公司非常重要。在这些企业中，售出服务的质量在很大程度上取决于服务人员的态度和能力，对许多服务公司而言，内部关系营销是一种关键的关系营销战略。而酒店又是一种以服务为主的企业，在酒店营销中，员工是酒店整体的一部分，顾客、员工忠诚是正相关的关系，员工也需要体验公司的良好服务质量，内部营销应包括所有发展和维持这种关系的活动。尽管内部营销是针对员工的，但其最终目标是增加服务意识和提高顾客导向，不管顾客是内部的还是外部的。

（二）实施内部关系营销的必要性和意义

1. 实施内部关系营销的必要性

实施内部关系营销可以发现员工的需求和态度，通过满足员工的需求和提供给他们短缺的东西来吸引、保持具有顾客导向的员工，从而建立员工满意度和员工对酒店的忠诚度，进而提高顾客满意度。

（1）酒店的员工已经成为酒店产品的重要组成部分

酒店提供的产品除了客房及餐饮服务以外，还有酒店的员工。可以说基本上酒店的所有服务都离不开酒店员工。从顾客预订酒店客房、前台接待、房间打扫、用餐、参加娱乐设施到退房等每一个环节都离不开酒店员工的服务，甚至酒店员工的态度、表情、言谈举止和服务水平还会直接影响到顾客的满意程度以及对酒店的态度。

（2）酒店的员工既是服务者，又是营销者

酒店的营销任务不仅是营销部门的职责，还是全体员工的职责。酒店的各级员工在接待顾客的过程中，就是企业营销的过程。前台接待、餐厅服务员等各类员工不仅各司其职，而且用自己的热情态度、优质服务吸引顾客，推销商品，使顾客产生良好的感觉，成为酒店的忠诚顾客。这些忠诚顾客可能会为酒店和酒店的产品做宣传，通过口碑产生良好的营销效果。此外，酒店的第一线员工在为顾客服务的过程中还可以了解顾客的消费倾向，购买动机、心理、建议和抱怨，并把有关信息及时向上反映，以便酒店的高层管理人员做出正确决策。

（三）内部关系营销的作用

1. 它有助于企业内部形成最大的合力

酒店内部关系营销一方面强调激励员工，使员工具有顾客导向意识；另一方面，它有利于各部门的协调发展。由于人们接受的教育和训练不同，接受考核的业绩指标不同，人们会认为本部门最重要，因而形成部门间冲突，而解决冲突的最好办法就是借助内部营销。

内部营销能使酒店员工认识到酒店企业价值的形成过程是由若干紧密相关的活动构成，各种活动直接或间接地对企业的产品或服务的价值有所贡献。全体员工、各个部门只有协同发展才能最终实现价值链，使企业形成全员营销的氛围。

2. 内部营销是外部营销的先决条件

外部营销强调的是企业向外部提出承诺，内部营销强调的是使员工具备有效履行企业承诺的能力。内部营销的最终目的是使顾客对我们的产品和服务感到满足，并将成为公司的“回头客”。如果内部营销不能向顾客传递优良的服务，那么内部营销所花费的时间和金钱都将付诸东流。

3. 内部营销是关系营销成功的必要条件

关系营销就是在各种服务组织中吸引、保持和改善顾客关系，旨在建立、发展和保持成功的关系的营销活动。而内部营销的目标正是使企业雇员转向关系营销的新视野，促进新的企业文化的发展，使雇员相信引入关系营销是明智的，激励雇员开发和执行关系营销策略。内部市场的期望和需要必须得到满足。如果企业不能够满足其雇员的需要，那么在能够与顾客建立长期关系之前，雇员们将会转向其他工作。

4. 内部营销是价值链营销中的一个重要环节

著名学者迈克尔·波特认为，每一个企业都是在设计、生产、销售、配送和辅助其产品的过程中进行活动的集合体。他把这一系列活动称为“价值链”。而对“链”各环节的价值创造过程则称为“价值链营销”。企业要检查每个“价值创造活动”的成本和绩效，并寻求改进。其成功不仅仅依赖每个环节的工作绩效，还依赖各个部门之间的协调程度。只有内部价值链和外部价值链自身及二者之间和谐统一，才能使顾客满意，进而使企业获取最大利润。内部营销的内涵就是视“内部员工”为顾客，关心和尊重他们，使员工内心深处“上帝”感油然而生，并乐于其将个体价值与企业价值融为一体。

5. 内部营销是企业全员营销的一部分

营销不仅是销售部门的事情，还需要每一个部门、每一个员工共同参与。企业所有员工虽然所处工作位置不同，但都有亲自接触顾客、了解顾客的机会，他们的一举一动都传递给顾客，影响顾客的心理和行为，而企业的团队意识、价值取向、行为准则将影响顾客满意最大化。内部营销主张企业内部各部门、各员工之间不断地进行双向沟通，承担起收集市场情报、传播沟通信息、满足市场需求的重任，并促进企业对市场需求做出及时正确的反应。

三、我国酒店在内部营销方面存在的问题

（一）酒店的普通员工是组织中被忽视的群体

在中国的酒店中，等级制度一般很严格，层次分明，尤其是国有酒店。处于酒店组织构成中的高层人员，其心理、情感等各种需要一般都能得到较好的满足，而普通员工处于等级中的最底层，在他们的上面，有层层的管理者，正是因为处在最底层，又是人数最多的一群，所以其心理、情感等多层次需要很容易被酒店管理层忽视。普通员工觉得自己没有得到应有的重视，只是处于管理者之下的最底层的人员。这就使员工的积极性和创造性难以充分发挥，员工工作时就缺乏热情和兴趣，提供服务的质量就大打折扣，带来的是顾客的不满意，从而影响酒店的形象、利益和竞争力。

（二）存在“官本位”的思想

酒店在提供产品（服务）的过程中，常常会出现这样的情况：员工在遇到顾

客利益与上级利益发生冲突时，往往会感到矛盾和纠结，而在进行处理时，他们往往会寻找双方利益的最佳点，甚至为了自己的职业和在酒店里的发展会舍弃顾客的利益，而不是完全按照顾客的需求来做。这是由于在很多的酒店里，员工对于其上级都有超乎寻常的害怕心理，如果因为要满足顾客的所有利益而损害了上级的某些利益，上级可能对此不满，这可能会影响员工的事业。这种“官本位”的思想，依然是由于旧的组织模式的存在而造成的。在这种思想的影响下，整个酒店无法达到满足员工需要，为员工着想的目的，从而也没办法提供让顾客满意的服务。

第二节　影响酒店员工满意度与忠诚度的因素

一、影响员工满意度和忠诚度的因素

员工满意是指员工对企业的感受与其期待值之间对比所形成的感觉状态，员工感觉工作本身和环境因素对自己的价值观、人生观的实现而产生的愉悦程度，即员工感觉自身被满足的程度。

（一）工作满意度

员工工作满意度是个人对他所从事工作的一般态度，包括员工薪酬、工作环境等方面的期望与对薪酬、工作环境等因素组合后得出的满意程度的评价。社会心理学认为，态度不能决定行为，但它在很大程度上影响着行为。大量研究表明，员工的工作满意度与工作绩效、离职率、缺勤率有着密切的关系。

1. 职业发展

职业发展包括酒店员工的职业生涯规划和对酒店业做出的预测，它是影响酒店员工满意度的核心因素。酒店员工尤其是具有较高学历的员工更关注是否能够从工作中学习到新的知识和技能，能力能否得到发挥，能否得到事业发展机会，从事的行业是否具有远大的发展前景等。

不少具有较高学历的酒店员工把自己定位为管理型人才，但由于酒店为员工提供的培训多是操作性技能培训，与酒店员工希望的管理型人才的预期差距较大，

很容易导致酒店员工对行业前景的悲观，从而流向其他行业。酒店员工通过工作体验对酒店业的发展前景产生感知之后就会进行满意度评价，并将满意度与对其他行业的满意度感知进行比较，进而选择满意度较高的行业。

2. 薪酬福利

酒店应该支付给员工合理的薪酬，充分发挥经济利益作为一种激励因素的价值。酒店员工薪酬过低或劳无所值，都会影响到他们的工作积极性和满意度。一方面，酒店的薪酬福利不仅要在内部员工之间达成一种平衡，还要与同区域同行业其他酒店整体比较中达到一种平衡，这样酒店员工才会在对比中感到薪酬福利的合理性和公平性。另一方面，薪酬福利结构设计的合理性对提高酒店员工工作满意度也具有很现实的意义。酒店要制订具有吸引力的薪酬福利奖罚制度，要用待遇留人，并且要注意向表现优秀的员工适当倾斜，对优秀的员工进行物质奖励或适当的职位提升，让他们的价值得以体现，增加其自豪感，有助于提高其满意度。

3. 晋升与培训

通常而言，真正优秀的员工大多数是由本酒店自己培养出来的，聪明的酒店管理者会从酒店成立之初，就把员工的晋升与培训放在一个潜在的战略地位。晋升与培训主要包括：用人唯才是举，重视能力而考虑学历，善于适时给员工提供晋升的机会；注重对员工系统深入的培训，让员工能够看到晋升前景和希望；要信任员工，赋予员工一定的工作空间与工作责任，为员工提供更多公平的发展机会、提高其社会地位。酒店职务晋升通道的畅通程度，培训制度的完善程度，晋升的公平程度将会影响员工对酒店工作满意度的直接评价。

晋升是有别于报酬对员工工作认可的另一种方式，因为晋升能为员工提供个人成长的机会、更多的责任和更高的社会地位。一个工作优秀并得到良好报酬的员工，在某一职位工作了十多年却得不到晋升，他的满意度不会很高，只有当员工认为晋升机会公平、合理的时候，才会提高他们的工作满意度。

（二）工作能力

1. 工作本身

工作本身包括：工作是否富有挑战性，工作是否得心应手，在工作中能否充分发挥能力，对现有工作兴趣的有无，职责规定是否明确，是否能够提供更多学习与交流的机会，工作职责权限内是否有决定权，是否能够从工作中获得某种成就感，上下班时间是否合理，有无恰当的加班制度以及工作场所的地区环境，工作必需设备及其他资源的配备等。如果某一工作岗位能够给员工提供充分发挥其知识技术水平的机会，工作难度适中、工作量饱满、有适当的挑战性，能引致他们愉快而满意的情绪，便会提高其满意度。

2. 服务能力

要建立、保持持久的顾客关系，酒店必须培养员工的一些最重要的核心能力，即服务能力、顾客接受服务的经历、员工的专业能力等。没有酒店员工的核心能力的培养和正常或超常的发挥，保持顾客关系就是一纸空话，这就是为什么要组织对外关系营销（顾客关系营销）必须建立在对内关系（员工关系）营销基础之上的原因。

酒店的员工应该知道如何很快地识别一个特殊的顾客，并知道如何与之沟通。在酒店服务中这就意味着要提高酒店员工的服务能力，使员工不仅对酒店的各项服务以及酒店特色认识非常熟悉和深刻，对酒店的营销策略也有一定的了解，这样，在对顾客进行面对面服务时便能为顾客提供更准确、更优质的服务，同时还可以发掘出顾客自己都没有意识到的隐形的欲望，刺激顾客消费，提高酒店的利润。优质的服务并不仅仅指有礼貌、有效地回答顾客问题，它还意味着要积极主动地去发现并满足顾客的欲望，要想做到这些，员工就必须接受专业对口的培训，以便使员工获得这些能力，有了这些能力，员工工作起来就会感到得心应手，工作紧张感缓解，工作满意度提高。

二、提升员工满意度的意义

（一）员工满意度与顾客满意度的相互关系

1. 员工满意能提高顾客满意

每个与顾客直接接触的员工都会影响顾客的满意度，因为顾客在酒店的消费过程中，与员工的接触机会和时间最多。提升员工的满意度能够最大限度地提高员工的工作积极性和工作能力，使员工发挥最大的工作潜力来为顾客提供最优质的服务，与顾客建立友好的关系，赢得顾客的满意。

2. *顾客满意能提高顾客忠诚度*

当顾客发现自己消费的产品其质量和使用价值与他们付出的价钱相比性价比更高，甚至远超自己的预期的时候，便会对酒店的产品和服务产生更高的满意度，从而对酒店品牌和酒店的服务产生信任，进而发展为忠实顾客。

3. *顾客满意反过来能提高员工满意*

当酒店的产品（有形产品和服务）质量比较高时，顾客的抱怨也会变少，员工就不会遇到那么多不满的顾客，其服务也会变得更容易些。此外，员工了解顾客的需求并能及时满足顾客，能为员工带来成就感和满足感。其结果是，顾客和员工都感到满意，他们越是满意，就越可能保持忠诚。顾客和员工的满意度会带来对酒店的承诺，而承诺是忠诚的前提。

（二）员工满意与酒店的关系

新员工来到酒店直到他带来利润的时间可能长达三年，因此，减少员工流失对酒店的利润有直接的影响。一个满意的员工在工作熟练后，就会用高质量的产品（服务）吸引新顾客，留住老顾客，为酒店带来丰厚的利润。如此一来，就更需要关注员工的忠诚，以及酒店如何建立、保持和加固其员工关系等问题。酒店的发展结果好可以使员工更满意，随着市场经济体制的建立和进一步完善，酒店自主经营，自负盈亏，酒店只有不断满足员工日益增长的物质和精神生活的需要，才能让员工满意；如果酒店得不到发展，长期亏损，就根本无法实现员工的满意。

当员工不满意时，就会产生许多消极的后果，表现为不良的工作行为，更长或更频繁的缺勤，以及更高的跳槽倾向；不满意的员工可能散布对酒店不利的言论，对酒店和潜在顾客产生不良影响；同时，员工的不满意会直接影响员工对顾客提供服务的质量。

三、提高酒店员工工作满意度的对策

（一）制订科学的职业生涯发展规划

酒店应加强对员工职业生涯发展的指导与培训，尤其是要注重对青年员工和新进员工的指导与培训，加大培训力度，为他们制订适合、可持续的职业发展规划。要引导员工树立适合自己的职业期望，树立符合员工和酒店共同发展的职业期望，注重构筑不同职业生涯发展阶段的职业期望；针对不同阶段的员工设计不同阶段的指导措施，形成有利于员工发展的职业生涯培训制度，使员工获得较高认同感和满意度；建立有利于员工发展的绩效管理体系，开展员工援助计划，强化对基层员工技能和管理知识的培训，保证员工获得专业知识和专业技能，并不断使员工所学的知识和技能得到运用、提升和发展，为员工提供较大职业发展空间，使员工得到公平、适宜、持续的职业发展机会，实现人生价值。

（二）支付合理的薪酬

酒店应该以市场为基础形成具有一定优势的薪酬机制，给酒店员工合理的工作报酬，同时制订出弹性的薪酬结构，设计合理的薪资分配制度。可将薪酬划分为基本工资、绩效工资，并且体现出由于存在绩效、工龄、技能学历等差异而形成的薪酬差别。注重强化员工的精神奖励，力争做到公平、公正，让酒店员工感到自身的价值所在，感受到自己的进步和努力得到了酒店方面的肯定与认同，最终达到表扬先进、鞭策后进的作用。

（三）营造良好人际关系氛围

酒店领导层应该懂得关心、指导、表扬员工并为他们创造良好的工作环境，各级管理层要带头做好本部门人员间的沟通、交流工作，创造良好的自由沟通、平等交流的融洽氛围。对打击排挤酒店员工的老员工进行思想劝导，严重时加以警告并惩处，同时对带出优秀酒店员工的老员工进行奖励；鼓励酒店新员工与老员工多交流，不要发生歧视、边缘化现象；不要人为制造本地人排斥外地人或者外地人排斥本地人现象。

（四）强化内在激励机制，增强工作的挑战性和趣味性

酒店要赋予员工有一定挑战性和趣味性的工作，能够使酒店员工感受到工作的挑战性和趣味性，这会使其有机会获得某种成就感和责任感，觉得自己受到了重视，得到了施展才华的舞台，从而想方设法提高自己的水平和能力，不遗余力地做好工作。酒店要结合酒店员工的兴趣和特长，安置适宜的岗位，要力争在一定时期内为酒店员工创造不同部门轮岗工作的机会；建立有利于员工发展的绩效管理体系，及时对员工进行绩效考核和反馈，形成透明的人员晋升机制。

（五）强化员工培训，提升发展空间

酒店应加大岗位轮换的力度，通过多种方式进行酒店员工素质测评，了解员工的性格特征，调动员工的积极性，注重发挥员工的优势和特长，充分挖掘员工的工作潜能；把员工进行筛选、调配到适合的工作岗位，必要时对员工进行相关培训，加强职业规划、技术能力、企业文化等方面的培训，提高员工的认同感和满足感；对工作表现突出的员工要给予奖励或晋升，为员工提供施展才华的机会，给员工提供更大的发展空间。

第三节　酒店内部关系营销的实施

一、酒店实施内部关系营销的前提——内部沟通

（一）酒店内部有效沟通的作用

1. 有利于收集资料和分享信息

酒店内部进行有效的积极的信息沟通，有利于管理者对酒店员工的工作状态和生活状况信息有更全面的了解，对员工的工作要求和生活需求等做到心知肚明，并积极实施有效策略进行满足和解决。只有及时、全面地掌握酒店内部管理过程中的各种信息，才能及时控制整个组织的运转，实现科学有效的管理，促进各部门的协调。

2. 有利于改善企业内部的人际关系

在酒店内部，员工与员工之间、员工与部门之间以及部门与部门之间的沟通都是极其重要的。沟通是人情感上的一种直接性的交流，良好的沟通有利于人们打开心扉，消除内心的恐惧和不安，对对方的了解更深入一些，使双方在情感上形成共鸣。对于生活上、情感上或者工作上的一些不快，跟别人进行沟通可以缓解内心的压力，获得情感的释放。而在酒店内部，员工与员工之间的沟通则有利于提高员工之间工作的配合默契度，以及交流经验，提高工作质量；员工与部门之间的沟通则有利于上下级工作的交接，保障工作交接的顺利，保障上级指令的顺利传达；而部门与部门之间的沟通则有利于提高酒店运营的质量和效率，减少

繁琐的部分，使酒店运营机制透明高效。所以，酒店要使企业内部上下、左右的沟通渠道保持顺畅，才能激发企业员工士气，促进人际关系和谐，提高管理效能。

3. 有利于调动员工参与管理的积极性

随着社会经济的发展，人们的生活水平和生活追求都发生了很大的变化，包括酒店员工。现时代的酒店员工，已经由单纯地追求物质待遇和享受过渡到追求精神的满足和自我价值的实现，他们希望在平凡的工作中找到人生的价值和生命的意义。所以酒店必须认识到内部员工的这一心理变化，积极调整策略，鼓励员工为酒店的更好发展献计献策，提高他们的“主人翁”意识，激发他们参与管理的热情，提高对酒店的忠诚度，从而增强企业内部的凝聚力和向心力，搞活酒店的运营机制，使酒店上下保持旺盛的精力和热情，提高酒店的盈利率。

（二）影响酒店内部有效沟通的障碍

1. 酒店金字塔形的组织机构

酒店金字塔形的组织机构，使酒店组织从上到下形成各管理层次，从最高层次的管理者到最低层次的员工之间组成一个链形结构。酒店的等级制度和指挥链原则，要求酒店管理者在发布指令时，不论要通过多少层次，都应该是发布命令者向直属的下级层次发布指令，一级扣一级而不能越级指挥；同时，下级也不能越级上行沟通，使管理者不能及时迅速地获得基层真实情报信息，失去信息沟通的及时性和有效性。中间层次过多，会产生“沟通漏斗”现象，不仅容易产生信息的过滤和失真，而且会浪费大量时间，影响沟通的时效性。

2. 员工对信息沟通的心理障碍

在沟通中，上下级的心理状态具有差异性。一般来说，上级在下级的心目中具有一种“心理巨大性”，这势必会造成员工在上级面前战战兢兢，不敢畅所欲言；下级在上级心目中具有“心理微小性”，员工认为自己人微言轻，提出的建议上级不会重视也不会采纳，所以员工没信心也不愿意向管理者提建议。

3. 酒店管理者对沟通的认识误区

首先，酒店管理者忽略倾听的重要性，习惯于高高在上地发号施令，不善于也不愿意倾听员工的声音，他们觉得酒店员工层次低，提不出什么好建议，所以除了偶尔召开一次员工会议或进行一次调查外，很少去向员工征求意见，倾听他们的真实想法。其次，管理者认为沟通是信息的单向交流，很多酒店管理者认为：我把酒店管理层的决策、酒店的各项规章制度及日常经营信息告诉员工了，就完成了沟通工作。他们不重视信息的反馈，不关心员工对信息的接收和理解程度。再次，酒店管理者常错误地从自身的认知框架出发，对信息进行理解和传递，没有认识到员工会因价值观、社会地位、教育背景等的差异，而对信息做出不同的理解和解释，从而影响沟通的效果。

4. 沟通渠道不健全，缺乏制度保障

酒店内部上行沟通不被提倡，缺乏有效的上行沟通渠道；下行沟通渠道不畅，造成信息的过滤和失真；横向沟通和斜向沟通缺乏，造成酒店各部门协调困难，各自为政。现在酒店的内部沟通非常随意，没有明确的沟通制度，很大程度上依赖管理人员的个人素质和经验，不能确保内部沟通取得良好的效果。

（三）改善酒店内部沟通的措施

1. 改善酒店的组织机构和沟通氛围

酒店组织机构应网络化、扁平化，减少中间沟通层次，减少信息过滤和失真。酒店应建立良好的沟通文化，管理者应从办公室中走出来，抱着真诚的态度同员工相互交流，认真倾听员工的意见和建议，将听取内部意见列为自己的首要任务；鼓励员工主动与管理者沟通，帮助员工消除心理障碍，给员工一个参与企业管理和提高管理能力的适应期，这样员工的投入感、合作性会不断提高，沟通意识会不断增强，合理化的建议会越来越多。

2. 建立沟通的组织和制度保障

酒店可设立专门的组织来管理整个酒店内部的沟通活动，收集和整理员工的建议，并依据制订的合理化建议的选择、评价标准，对入选的员工给予物质或精神方面的激励、奖励，并且要及时、公平、透明。

酒店可建立成文的内部沟通制度，如员工建议制度、经理接待来访制度、例会制度等。此外，酒店还可规定高层与员工、中层与员工每月沟通的最少次数、要求等。每一个管理者对员工都要有一个沟通的面谈记录，沟通的内容可包括绩效指导、工作方法、个人职业发展、薪酬福利等一切和企业及个人发展相关的内容。每日（或其他固定期限）可在中高层会议上汇总通过沟通得到的信息和问题，然后及时分析解决并进行公示，以使员工及时了解沟通的结果。

3. 健全酒店内部沟通渠道，综合运用各种沟通媒介和工具

首先，酒店要进行战略性管理沟通渠道模式设计，为配合饭店组织结构的扁平化趋势及信息时代的到来，酒店应考虑建立网络型管理沟通渠道模式，即饭店中的每一个人都是一个管理沟通的信息中心，而每一个人同时又通过某种直接或间接的渠道为其他人形成的信息中心服务。其次，完善酒店内部现有的上下行沟通渠道，加强横向和斜向沟通渠道的建设。除了酒店传统的指示、命令、公告、会议等沟通方法外，可综合利用多种沟通方法，如个别访谈法，发行酒店的内部刊物，发放员工手册、信息手册、书籍等，设立意见箱；利用音像资料及陈列和展览等方法与员工进行沟通；还可积极利用数字信息技术与员工进行交流，如电子邮件、新闻组、BBS 和聊天室等多种手段，改善企业的上行和平行沟通。

4. 注重沟通反馈机制的建立

没有反馈的沟通不是真正意义上的沟通，完整的沟通必然具备完善的反馈机制。因为单向的信息传递容易导致信息失真，从而使沟通的效果大大降低。反馈机制的建立需要信息发送者和信息接收者的共同努力。酒店管理者在发送信息的同时应该采取各种积极的措施鼓励员工提供反馈信息，并注意观察其接到信息后的反应和行动。而员工必须把握他们在信息反馈中的主体地位，排除心理干扰和可能的权力威慑，客观准确地做出信息反馈。

促进酒店有效双向沟通的关键在于管理者。管理者要平衡好上下级的心理差异，创造一种民主、和谐、轻松的气氛，使下属能大胆发言；同时，管理者要增加容忍度，在双向交流沟通时，出现不同的意见、观点是正常的现象，上级不能一听到不同意见就面露愠色或大发雷霆，那么双向沟通就会立即中止。只有管理者增加容忍度，才能有效地促进双向交流。总之，信息时代，酒店必须以积极的态度对待沟通，把管理沟通作为工作中的重要组成部分。只有这样，酒店才能在激烈的市场竞争中立于不败之地。

二、酒店实施内部关系营销的策略

（一）建立独特的酒店文化

酒店文化是塑造满意员工的关键。酒店要尽力培养“生死与共”的价值观，

使酒店员工树立主人翁意识，能与酒店同呼吸、同成长、同发展、共生死，做到酒店精神与酒店价值观的人格化，实现“人店合一”。酒店经营能够长盛不衰地连续下去同时得到健康发展几乎完全取决于酒店精深的文化内涵。

酒店文化，通常由三个层次构成。第一层次是最表层，即酒店的物质文化和服务文化。物质文化由酒店的建筑风格、设备设施、用品和服务项目等顾客感官能感受到的一切有形实物所组成，服务文化是指顾客在酒店消费过程中对直接接触到的员工服务的感受；第二层次是管理文化，主要是通过管理思想、管理制度、管理组织和管理方法四个方面来反映；第三层次是精神文化，即酒店的价值观、企业精神、服务理念、行为准则等。

（二）人才招聘策略

要提高服务质量、做好服务营销工作，聘用优秀的人是关键，然而许多酒店并没有很好地认识到这一点。目前，大部分国内酒店走入了招聘误区，招聘时把年轻貌美作为首要条件。实际上，年轻貌美绝不等于优质服务，应聘人员的服务态度和服务意识远比“青春貌美”要重要得多，顾客的满意度绝不是靠外貌能换来的。

（三）员工培训策略

在内部营销中，培训的目的是使员工对酒店有个全面的认识并确定自己在其中的位置，明确与其他员工和与顾客之间的关系，使员工对酒店的成员有所了解，能接受酒店目标并愿意为之努力，使员工对自己“兼职营销者”的角色有深入的认识，更重要的是使员工认识到自己对顾客、对酒店的重要性，获得实现自己价值的机会，以便充分发挥对顾客服务过程中的主观能动性。所有的这些，都能提高员工对自身工作的满意程度，是酒店外部营销成功的基础，同时，还要对员工的服务、营销、沟通技巧进行培训，使员工更加适应酒店赋予的工作，从而增强员工的自信心和成就感，在对外部顾客的服务中获得更大的自我满足，从而使酒店通过员工的优质服务树立信誉，赢得顾客。

（四）适当授权策略

适当授权可以激发员工的工作自豪感、主动性和主人翁意识，增强员工的满意感。管理人员要指导和鼓励服务人员为顾客提供定制化、个性化、多样化的服务，然而要做到更为灵活、迅速地满足顾客的具体要求，就应该授予服务人员必要的服务工作决策权。

（五）服务文化策略

酒店服务质量是各种资源（如人、技术等资源）共同作用的结果，要成功地进行质量管理，必须创造和培育一种能够提供高质量的稳定的酒店服务文化。酒店实施内部营销，首先要在企业内部创建和培育本企业的“服务文化”。酒店的“服务文化”影响和控制着酒店管理人员和各级员工的行为。具体而言，酒店企业在创建和培育“服务文化”的过程中，高层管理人员要有战略眼光，努力探索和开创“服务文化”的途径，通过制订政策、程序、制度和行动方针来规范和约束企业业务活动中的员工行为。高层管理人员只有自己率先成为酒店服务文化的忠实体现者和执行者，以良好的作风和强烈的事业心鼓舞、鞭策、尊重、关心和理解员工、服务顾客，才能使酒店倡导的服务意识、价值观内化为员工的行为，也才能凝聚起员工的参与意识和团队精神，使他们与企业风雨同舟、竭尽全力，自觉地为顾客提供高质量的酒店产品，实现企业的营销目标。

（六）信息沟通策略

营销要充分利用信息的双向沟通，以达成酒店与员工的理解与合作。酒店内部信息的共享，是形成酒店内部良好关系的关键。如果员工对酒店的情况不了解，特别是对与员工切身利益相关的动态毫无所知或一知半解，而酒店高层管理者对员工的情绪、意见、要求、建议又是全然不知，就必然造成酒店与员工之间的隔阂。酒店要处理好内部关系，就必须做好信息的双向沟通，这就是我们常说的做好“上情下达”和“下情上达”工作。了解是理解和谅解的基础，员工只有充分了解和理解酒店的情况，才能以主人翁的身份与酒店同呼吸，共命运。另一方面，酒店也需要将员工的情绪、意见、愿望、要求以及合理化建议等及时归纳综合，反映给最高管理层或有关部门，作为决策或工作的依据。这样既体现了酒店高层领导的民主作风，也有利于全体员工对酒店的参与管理。

（七）考核奖励策略

要实施考核奖励策略，首先必须建立一个考评系统。对员工实施有效奖励的关键是要有一个高效的考核评估系统，通过它来识别谁值得奖励，这个系统必须具有透明度、时效性，并保证绝对公平。看似科学但过于复杂的评估系统可能不能吸引员工的注意力，一方面因为难于操作，另一方面因员工看不懂而无法在员工中产生积极的反响，即员工参与性弱。因此，应向员工解释所用的评估方法。一个工作群体中，绩效评分应尽可能统一。其次要建立奖励系统，奖励系统应遵循以下准则：（1）把奖励同企业的形象和策略联系在一起。也就是说，奖励要与企业的经营方针和发展目标紧密地结合起来。（2）奖励方法要多样化。物质奖励、货币奖励是基本的、必需的，但不是唯一的。企业可从情感、提拔、表扬、荣誉等各个方面采取多种奖励形式。注意满足员工不同的心理需求，如对自尊心很强、讲究面子的员工来说，会把一则公开表扬的新闻报道看得比奖金更重要。（3）注意集体奖励，这对强化服务中的整体意识是极有好处的。

第五章 酒店客户关系管理

第一节 酒店客户关系管理的内涵

一、酒店客户管理的内涵

客户关系管理（CRM）是指通过管理客户信息资源，提供客户满意的产品和服务，与客户建立起长期、稳定、相互信任、互惠互利的密切关系的动态过程和经营策略，是一种在酒店和客户之间达到“双赢”的管理意识，其核心就是发现客户的价值观念，满足客户的需要，通过开发客户的潜在价值实现客户利益和酒店利润的最大化。客户关系管理强调通过与客户的互动来减少销售环节，降低经营成本。它既是一种保证实现客户价值的管理理念，也是一种旨在改善企业与客户之间关系的新型管理机制，同时还是一种集成化的管理技术和商务策略。

客户关系管理是一种现代化的经营理念，其核心思想是将客户（包括终端客户、分销商和合作伙伴）作为最重要的酒店资源，通过深入的客户分析和完善的客户服务来满足客户的需求，保证实现客户的最大价值。对于具体酒店来说，客户关系管理是一种新型管理机制。它旨在改善客户与酒店之间的关系，体现于酒店的每个部门和经营环节，通过向酒店的销售、市场和客户服务人员提供全面的、专业的客户资料，并强化跟踪服务、信息分析的能力，以提供更快捷、更周到的优质服务，提高客户满意度和忠诚度，从而提高酒店的利润水平。

客户关系管理意味着一套应用软件系统。它将最佳的商业实践与数据挖掘、数据仓库、一对一营销、销售自动化以及其他信息技术紧密结合在一起，为酒店的销售、客户服务和决策支持提供一个业务自动化的解决方案，使酒店有一个基于电子商务的面向客户的平台，从而顺利实现由传统酒店模式向以电子商务为基础的现代酒店模式的转换。也就是说，客户关系管理系统是“e时代”酒店竞争的一把利器，酒店充分利用信息技术全面了解顾客、满足顾客的各种需求，进而提高顾客的满意度和忠诚度。

（一）酒店客户关系管理的特征

1. 一对一营销

酒店业是与情感有密切联系的行业，这就决定了酒店业实施CRM的深远意义。被誉为“美国酒店大王”的斯坦特就说过“酒店业就是凭借酒店来出售服务的行业”，这是颇有见地的见解。优质服务是酒店生存的基础，CRM系统就是提供这种服务的有力竞争武器。通俗地说，CRM系统指导企业目标客户最主要的需求是什么，然后针对客户的差异制订出与客户需求相一致的营销与服务计划，使客人感到自己不再是千人一面的无名氏，而是有价值的顾客。顾客的满意和忠诚，带来了消费额和消费次数的增长，最终酒店是最大的受益者。

2. 高度集成的交流渠道

CRM通过采用先进的信息技术，将电话、传真、无线接入等多种交流渠道进行高度集成，使企业的客户无论通过何种渠道、何地、何时，都能够以自己喜欢的方式畅通地与企业进行交流；同时，企业也能够对客户做出及时的反应，并提供准确、一致以及最新的信息。高度集成的交流渠道，使客户避免了向企业的不同部门、不同人员重复同样的信息，从而使客户的问题或抱怨能更快地和更有效地得以解决，最终提高客户的满意度。

3. 基于Internet的基本架构

CRM将Internet作为基础架构，采用标准化的Web浏览器实现客户端的访问，同时集中管理和维护商业逻辑和数据，从而大大降低了系统部署、职员培训、软件升级等成本。CRM使企业可以通过Web直接与客户进行销售和服务，企业还可利用Web的电子商务优势进行自助服务、自助销售、潜在客户开发、时间登记、合同续订、服务请求以及电话反馈等。所有这些都在时间和空间上极大地扩展了传统的营销、销售和服务渠道，使企业能够面向全球提供每周 7 天、每天 24 小时的访问，从而达到企业收益的最大化。

（二）网络环境下客户关系管理的优势

与传统环境下的客户关系管理相比，网络环境下的客户关系管理最大的优势就在于以下两个方面：

1. 灵活性

这种灵活性既有时间概念也有空间概念，这种新的信息获取方式大大缩短了顾客的购买决策时间，提高了效率。同时，不同地区、不同国家的酒店之间、酒店与顾客之间可以随时进行业务往来。

2. 互动性

在传统的环境下，客户与酒店之间缺乏合适的沟通渠道，或因沟通成本太高而忽视了这一方面。而在网络环境下，客户关系管理系统可以实现双向沟通模式，酒店既可以在网上与顾客进行大量的信息交流，也可以即时、准确地捕捉客户的需求信息，了解客户需求的变化趋势，从而节省大量的时间、人力和物力资源。通过酒店与顾客的这种互动，酒店和客户最终都将从中受益。

二、酒店客户管理的原则

（一）把处理客户管理放在酒店发展战略的高度

酒店无论发展到哪个阶段，都离不开客户，实现客户的长远利益的目标和实现步骤，就是酒店发展战略。把客户关系放在酒店发展战略高度来处理，既能满足客户的当前利益，又能满足客户的长远利益。

（二）建立酒店与客户双向忠诚度是客户关系的核心

酒店的所有利润均来源于客户。为了使酒店利润持续增长，就需要培养忠诚的客户，并长久维持。这种忠诚以感情为基础，而不是其他（权力、金钱或是武力等）。要让客户对酒店忠诚，酒店就必须对客户忠诚，所以建立酒店与客户双向忠诚度是客户关系的核心。

（三）酒店内部要形成人人学会与客户沟通的机制

建立牢固的客户关系是通过提高客户与酒店的双向忠诚度来实现的。客户偏爱酒店品牌，对品牌产生忠诚度的前提是沟通。目前，我国许多酒店比较重视服务人员与客户的沟通，却没有达到酒店内部人人重视沟通、人人学会沟通的水平。在新营销时代，酒店要形成人人学会与客户沟通的机制，酒店管理人员、服务人员、营销人员、客户总监，甚至司机都要与客户沟通。全员沟通的形成是酒店服务人员沟通的基础和氛围，形成这样的机制，才能有利于客户忠诚度的建立。

（四）寻求客户要有全面的、长远的眼光

在各种各样的客户中，并不是每个客户都能给酒店带来巨大的利润。客户存在客观差异，大众营销策略在此并不适用，因为并不是每个客户都适于被培养成忠诚客户。也就是说，酒店必须对客户进行细分，以全面、长远的眼光寻找正确客户。

三、影响酒店客户关系管理的因素

（一）客户数量庞大、信息分散，数据收集困难

酒店客户关系管理的核心是客户数据库的建立，酒店管理的客户数据资料主要包括客户的姓名、联系方式、房间类型、个人喜好、忠诚度评估等，这些数据资料的来源十分广泛，包括酒店前台预留的顾客的信息、办理入住或者享受餐饮等预留的信息，甚至包括顾客在网上预订酒店时留下的信息，这些都可以作为酒店收集顾客信息的途径和渠道。而面对如此繁杂又众多的信息，就需要酒店着重培养相关方面的人才，提高数据库管理效率，同时也要提高酒店员工数据管理的能力，因为酒店的普通员工教育能力和新知识接受能力可能有所差距，稍有不慎，就会影响到数据的有效性。此外，酒店所收集到的客户信息还具有一定的区别，有的可以进行预测分类，有的却不能，这就造成了信息收集和识别的难度，在一定程度上制约了客户数据库的有效建立。

（二）客户关系管理缺乏企业文化的支撑

酒店要想在充满竞争力的市场上有立足之地，建立良好的企业文化是十分必要的，良好的企业文化可以塑造良好的酒店形象，帮助酒店吸引更多客户的注意力，赢得广大客户的认可。在酒店客户关系管理方面，需要酒店依靠良好的企业文化，加上全体员工以及各部门的相互配合，利用良好的酒店形象和酒店信誉，获得更多的客源。但现阶段，我国大部分的酒店还没有对此形成充分的认识，没

有意识到企业文化和客户关系管理两者之间相互关联、相互促进的关系，在处理酒店客户关系管理过程中没有以企业文化为基础，没有建立起与企业文化的交流和融合。

（三）员工服务意识薄弱

目前，我国酒店的员工有一个共同的特点，就是教育程度的差异和对工作态度的差异。有很多员工在工作过程中只求做好自己的本职工作，对酒店的服务宗旨、企业文化等文化内涵，全然不知也毫不在意。在为顾客进行服务时，只是惯性地对顾客提供购买服务和售后服务等，具有很强的敷衍性，没有真正把顾客当作一个被服务者。酒店员工服务理念的缺失会引起他们对现有工作的不满和抱怨，对工作失去热情和积极性，每天只是机械地重复同样的事情，造成服务质量的下降，进而形成恶性循环，降低顾客的满意度，破坏酒店树立的形象，进而对酒店的经济效益和社会效益造成严重的影响。

（四）酒店服务理念落后

酒店经营者和管理者往往会受到传统生产经营观念的影响，主观地认为酒店要想取得良好的发展，获得良好的经济效益，选取的地理位置、营造的内部环境以及生产的产品是十分重要的，他们看到的最多的就是影响酒店发展的外部因素，而没有真正看到影响酒店效益的真正因素——客户服务。酒店通常把工作重心放在酒店产品的生产和销售上，只顾获得可观的经济利益，却忽视了真正能给酒店带来良好效益的服务质量，同时，忽视了客户的个性化需求，严重影响了顾客对酒店的满意度和忠诚度，制约了酒店企业的长久发展。

四、酒店客户关系的管理方法

（一）建立客户信息库

客户关系管理的前提是了解客户的需要和偏好，通过交往记录和交流访谈了解客户的基本情况，全面掌握客户的需求。当客户再次需要产品和服务时，酒店能够迅速满足其需要。掌握客户的各种情况和需求能使客户有强烈的被尊重感，能够对酒店形成一种除了交易关系之外的亲切感、归属感，强化酒店与客户之间的关系。

（二）细分客户类型

在实践中，常常会发现：80%的利润是由20%的客户带来的。要通过以往的交易信息了解客户的类型，区别不同需求的客户和能给酒店带来不同利润的客户。有的客户需要投入大量的服务，但带来的利润很微薄；有的客户只需要较少的服务，却能带来大量的利润。毫无疑问，后者显然是酒店应该重点关注的对象。

（三）客户交流与反馈

客户关系管理强调的不仅仅是满足客户的一次性需求，而是要与客户保持长期的联系。拜访客户，了解其需要，根据客户反馈的信息调整产品和服务，让客户长期享受到高质量的服务。随着现代技术的发展，酒店与客户交流的手段日新月异，如呼叫中心、互联网和客户服务热线等，都大大方便了客户与酒店之间的沟通，缩短了两者之间的距离。

（四）向客户提供优质服务

客户的需求是多样化的，但中小酒店的资源和服务能力是有限的，因此酒店应该根据自身的能力向目标客户群提供富有特色的、区别于其他酒店的服务，尤其是满足那些能够给酒店带来大量利润的VIP客户，向其提供优质服务，从而保持长期的合作关系。

CRM的以上特征并不是彼此孤立存在的，而是相互支持、高度融合的一个整体，共同组成了CRM的强大功能。客户关系管理就是通过对企业与客户间发生的各种关系进行全面管理，以赢得新客户，巩固保留已有客户，并增进客户利润贡献度。其功能主要分为以下四大部分：

1. 客户信息管理

整合企业各部门、每个人所接触的客户资料进行统一管理，这包括对客户类型的划分、客户基本信息、客户联系人信息、企业销售人员的跟踪记录、客户状态、合同信息等。

2. 市场营销管理

制订市场推广计划，并对各种渠道（包括传统营销、电话营销、网上营销等）接触的客户进行记录、分类和辨识，提供对潜在客户的管理，并对各种市场的成效进行评价。CRM营销管理最重要的是实现一对一营销，从宏观营销到微观营销的转变。

3. 销售管理

对销售人员电话销售、现场销售、销售佣金等管理，支持现场销售人员的移动通信设备或掌上电脑设备接入。进一步扩展的功能还包括帮助企业建立网上商店、支持网上结算管理及物流软件系统的接口。

4. 服务管理与客户关怀

产品安装档案、服务请求、服务内容、服务网点、服务收费等管理，详细记录服务全过程的进行情况，支持现场服务与自助服务，辅助支持实现对客户的关怀。

第二节 酒店客户关系管理的现状

一、酒店客户关系管理的问题

（一）基础管理方面的问题

1. 企业文化问题

我国酒店现有的企业文化，是一种重视饭店内部能力和价值、以产品为中心、重视酒店的利润、关注顾客群体的需求的文化。同时改革行动缓慢、思想相对保守也是企业文化的因素之一。在我国酒店业中，其自身的文化就没有明确的定位，高层领导对企业文化没有足够的重视。一些领导认为，企业文化就是搞几场文化科技活动、参加几场文化娱乐竞赛等等，企业文化没有同工作联系到一起。所以要从根本上转变员工的定式思维模式和行动模式的时候，文化就很难在实施的过程中起到一定的推动作用，相反却起到了很强烈的阻碍作用。

2. 制度问题

CRM 给饭店带来了许多重大的变革。CRM 实施后，对客户的服务方式发生了根本性的改变，顾客从第一次同酒店联系，到购买、售后服务再到关系维护的整个流程中都需要员工的全力协作，提供给顾客统一的认识和态度。这种方式在一定程度上对部分员工的工作随机性、动态性有适当的剥夺，因为 CRM 的采用在一定程度上改变了他们平日的工作模式和习性。这种方式若是处理不好，就很可能会造成其抵触的不良情绪，最差的情况下，他们会把手头上的重要客户带到你的竞争对手那去。所以怎样在文化上、制度上、物质奖励上做好相应的统筹规划，是我国酒店行业完美实施客户关系管理的一个重要问题。

3. 知识管理问题

在我国的酒店管理中，对知识重要性并没有一个很好的认识，对知识的意义和分类也缺乏充分的理论，同时，对知识的产生、发扬、分享和运用的工具或方式更是没有深入的掌握。信息科技没有发挥它潜在的商业价值，信息科技作为一种道具却没有作为一种战略资源得到充分利用。

（二）客户关系建立和维护上的问题

1. 客户关系维持工作不到位

对于许多企业来说，其对新客户的开发工作做得相对到位，而且不断地根据市场的变动来寻找不同的新客户，在重视新客户的同时，却忽视了老客户的维护。首先，业务员流动性大，许多企业的业务员稳定性不强，新老业务员交替比较频繁，这导致了许多已经是其他业务员的老客户被新业务员视为新客户，这种行为会导致老客户感觉不受重视，不利于老客户的关系维系。同时，由于企业将大多数经历用到了新客户的开发上，忽视了老客户的关系维护，不利于形成稳定的客户基础。客户关系维系不到位影响了企业的客户基础，也在很大程度上影响了企业的发展。

2. 客户信息管理不到位

客户信息管理不到位是当前企业客户管理工作中存在的一个问题，对于许多企业来说也是一个难题。由于每一个企业都有很多个客户，而且客户的大小、性质也不尽相同，这导致了企业很难有条理地对客户进行管理，尤其是在客户信息的整合上显得尤为不合理。在客户信息管理这一问题上主要有三个方面的不足：

首先，客户信息录入不全面。对于每一个企业来说，要想维护好客户的关系，就必须分类地对客户的信息进行录入，全面地体现客户的信息，包括客户的基本信息和客户的相关喜好，只有这样才能使业务员充分了解客户，从而对症下药。但是在诸多企业中，客户信息的录入不全面，客户信息没有充分地呈现在业务人员面前。其次，客户信息的查询工作不便捷。由于企业客户群庞大，需要一个完善的客户信息查询体系才能更好地查询到客户的信息。但是许多企业在客户管理上没有形成完善的客户信息查询系统，限制了客户的信息查询工作。第三，客户分析工作不到位。客户分析是企业维护客户关系，取得客户信任，合理地开发新客户的一个重要保障，做好客户分析工作能更好地提升企业的综合实力，促进企业获得更多客户的支持。但是目前我国企业在客户分析这一环节上还没有做好充分的准备，甚至客户分析容易出现偏差。

3. 客户周期短

对于企业来说，客户周期越短就意味着客户为企业带来的经济效益越少，相反，客户周期越长，客户为企业带来的经济效益就越多。从目前我国的诸多企业来说，企业内部客户周期短已经成为一个普遍现象，客户周期没有形成稳定的客户源，在进行客户周期的制订过程中忽视了客户的管理维系工作。比如在许多企业中都没有形成完善的客户管理软件，在客户有较长续期或者是有应急需求的时候，企业无法提供合理的软件设施，使客户关系周期普遍偏短。

第三节　酒店客户关系管理的实施

一、酒店客户关系管理实施

（一）酒店客户关系管理实施的要点

1. 信息协同化

21 世纪是互联网经济时代，酒店信息化的目标是追求集成化基础上的协同化应用。酒店通过互联网搭建统一的信息应用平台，将客户、酒店、员工、供应商、合作伙伴等整合为一个整体，可以实现纵览全局的跨行业、跨组织、跨地区，实时在线、端对端数据无缝交换的业务协同运作，其重点在于各方联为一体，直接面向客户提供个性化服务。

国际上酒店业信息协同化应用主要糅合了企业资源管理计划（ERP）、客户关系管理（CRM）、供应链管理（SCM）和电子商务的观点。从企业资源管理计划（ERP）角度，优化酒店价值链，对酒店业务流程、组织结构再造，提升酒店管理水平；从供应链管理（SCM）角度，实现社会资源配置最优化，控制采购成本，保障供应质量；从客户关系管理（CRM）和电子商务的角度，把酒店关注的焦点转移到客户身上，帮助酒店最大限度地利用以客户为中心的资源，不断开发现有客户和潜在客户，通过改进客户价值、客户满意度以及客户的忠诚度，提高酒店的整体竞争优势。

2. 酒店前台和后台系统的融合

快速发展的电子商务要求不断对数据进行实时访问，同时将所有客户的全部购买和消费信息记录在案，所以这类系统需要越来越多地建立在Web浏览器上，并与电子商务平台集成在一起。酒店前台所有的功能、活动及组成部分都是为了支持、促进顾客销售和为顾客服务这一目的上。酒店通过CRM系统，可以将前台的客户登记信息、预订信息、客房管理、客户账目管理等信息和市场分析的结果及时地传递给后台、销售和服务部门，为销售和服务部门能更好地理解客户的行为，为后台部门制订管理决策提供依据，从而实现维系和保留客户的目的。同时它可以将后台反馈的信息及时传递给酒店前台部门，以便前台对销售、服务和投诉信息及时分析，从而制订出更为有效的服务竞争策略。

3. 客户服务中心功能的拓展

客户关系管理系统与互联网的对接，使酒店客户服务中心的功能得以扩充，客户服务中心可以通过语音系统、Web浏览器、传真和无线应用与客户展开互动。同时可以应用虚拟酒店，打造与客户多渠道的联络中心，为客户提供电话直销、市场推广及跟进、客户意见调查、酒店产品与服务咨询、销售查询及处理、电视广告及反应处理、客户热线、研讨会及事件处理、后勤支援中心等种类更多、更齐全的服务，从而可以在第一时间对客户的需求做出快速的反应和解决。

4. Internet 自助服务

通过语音系统、Web浏览器或电子邮件，基于Internet的自主服务解决方案可以给酒店客户提供更加方便、高效的全天候服务。而客户也可以随时随地通过语音访问、Web自助服务和智能化的自动化电子邮件的响应获得精确的信息反馈。自助服务可以在不增加酒店成本的情况下，提升客户的体验。业务方面的自动化可以大幅度提升客户的满意度，并降低酒店的运营费用，而开放式 IP 标准的采用能够实现对现有的 IP 基础设施投资的良好运用。

5. 选择合适的 CRM 软件系统

目前，市场上存在多种酒店的 CRM 软件系统，酒店应该选择适合自己的软件系统。首先，软件系统的选择应基于酒店客户关系管理的远景规划和近期实施目标，选择适合酒店需求的软件产品；其次，CRM 软件系统融合的管理理念和管理模式应与酒店的软件系统保持一致，软件的架构、业务流程要能满足酒店的要求；三是软件系统要有良好的拓展性能，系统软件架构要较为灵活，自动版本升级或适当增加、删除一些功能；最后，CRM 软件系统要能与其他应用软件系统进行集成，以实现不同系统数据的互相传递。

（二）服务品牌的管理要点

1. 创建服务品牌

品牌推荐是酒店通过广告、服务设施、员工表现等手段，将酒店的特点有针对性地传播给客户。品牌推荐的核心组成部分是酒店的名称、标志、酒店产品与广告主题语，该部分直接对酒店知名度产生影响。知名度是指酒店向客户提供信息暗示时，客户认知和联想品牌的能力，而品牌内涵是指客户对一个品牌强势地位及其他因素的印象。品牌推荐对丰富品牌的内涵起作用，但不如客户在酒店内部的实际经历那么强烈，那些对酒店没有太多消费经验的客户，品牌推荐能使他们形成对酒店的印象。而客户的消费经验也能对品牌的知名度产生影响，其主要方式是口碑传播。服务越是优质，口碑传播的扩散效应就越强。

2. 创新能力

实践证明，拥有强大品牌优势的酒店都是与众不同的，为了建立鲜明的品牌形象，他们打破常规，运用新的方法和模式来有效满足客户的需求。建立客户品牌忠诚度的关键不是去模仿，而是创新。正是创新的力量使酒店业的发展呈现出多样化的趋势，并树立了独特的品牌形象。如凯悦酒店对建筑风格进行创新，成功运用门廊的概念，改变了酒店业建筑风格的进程；四季酒店对服务进行创新，成功推出了 24 小时服务，将个性化服务进行延伸，塑造了豪华酒店的品牌形象等。

3. 建立价值导向的美誉度

拥有高度品牌价值的酒店，不仅向客户提供优质的服务，而且与竞争对手有清晰的区别。他们构建了为客户所认同的价值体系，正是价值导向的优质服务理念，使这些酒店在市场竞争中树立了独特的形象，提高了品牌的知名度与美誉度，并与客户建立了长期的关系。

4. 建立感情纽带

酒店品牌的塑造需要与特定客户群之间建立情感的沟通，这是建立客户忠诚度的重要因素。作为维系与客户关系的力量，情感因素要远远超过单纯的理性和经济的范畴，它能够最大限度地获得客户的亲近感、热爱感和信任感。客户生活在一个情感的世界中，他们的情感会影响他们的购买决策。具有高度品牌价值的酒店能超越特定产品的利益概念，深入客户的情感世界与他们进行沟通。能与客户进行情感沟通的酒店品牌反映了客户的价值观，能引起客户的情感共鸣，而这也是竞争对手难以模仿的。例如美国的一家小型酒店欧康诺，便是凭借与客户建立的良好的情感上的沟通才如此受客户欢迎的。首先，欧康诺酒店会为客户的心情打分，酒店非常重视客户服务，把客户服务的范围扩大到了极限，使客户在酒店中有良好的体验，保证客户在离开酒店时，心情分数不会低于 9 分。其次，酒店不断给客户创造惊喜，如酒店倡导菜品的创新，天天更换菜单，每名厨师还要在菜单研讨会上提出一个菜品的新构想，然后由其他厨师给予反馈，保证菜品经常换新。第三，永远不对顾客说“不”。酒店认为，在服务业中，让顾客快乐是酒店成功的关键，因而酒店从招聘员工开始就十分注意员工的热情，这是保证与客户进行情感沟通的关键，由于与客户保持了情感化的沟通，欧康诺酒店与员工建立了良好的情感关系，并成功地塑造了酒店的品牌形象。

5. 服务品牌的内在化

在服务现场，服务提供者与客户的直接互动，直接决定客户对服务品牌的评价和认可，他们的表现，可以对建立服务品牌做出贡献，也可以破坏客户对品牌的信心。因而酒店在向外推广品牌的同时，必须使品牌内化。品牌内化包括向员工解释和宣传品牌，创造性地与员工交流品牌，培训员工，使他们的行为能增强品牌形象，并奖励那些对品牌发展做出贡献的员工。员工对品牌的信任和认同，有助于员工增强自豪感和自信心，为酒店品牌的建设和推广做出自己的贡献。

（三）酒店客户关系管理的支持系统

1. 客户关系管理战略与整体战略的协调一致

作为酒店整体战略的一部分，客户关系管理战略之间应保持协调一致。为了获得客户关系管理的成功，酒店应该在组织内部进行有效沟通，确保战略意图能得到组织内部的认可。要实现战略过程的协调一致，必须强调酒店各部门之间业务活动的相互协调、相互配合，共同服从于酒店的整体客户关系战略。

2. 组织文化的呼应

组织文化是影响客户关系管理成败的重要因素。组织文化是一种无形的因素，是酒店在长期发展和成长过程中形成的理念和价值观。它从两个方面影响客户关系管理的效果：一是实施变革的能力。如果酒店内部存在一种惧怕变革的文化，则会影响客户关系管理的导入，即使导入也会影响实施的效果。因此，酒店必须营造一种有利于变革的文化。二是各部门之间的协作意识。酒店各部门之间的合作意愿，遵守承诺的意识、服务共同战略的能力等，均能影响客户关系管理的成败。因此，酒店必须采取恰当的手段，分析组织文化的优势和劣势。在发展组织文化优势的同时，逐渐消除文化上的劣势因素，使酒店的文化能支持客户管理战略的成长和发展。

3. 集成的信息环境

对客户而言，与酒店接触和进行信息交换的渠道有很多，既有电子方式，如电子邮件、互联网、电话和传真等，也有非电子式，如信函、服务接触等。因此，为了给客户提供一个有效的接触方式，并综合利用各种客户数据，酒店应该建立一个集成的信息环境。一方面，酒店可以利用这一信息环境，获取客户数据，了解客户的期望和需求；另一方面，客户可以利用该信息环境，选择有效的信息获取方式，实现有效的沟通。集成的信息环境可以实现对客户各种数据的有效汇集，为实现客户关系管理奠定基础。

4. 组织上的协同

组织结构能在一定程度上反映酒店对客户和客户关系所持有的基本态度。要成功实施客户关系管理，酒店必须在组织结构上进行调整，实现业务流程的重组。

因而，酒店要打破传统的、按经营顺序设置业务部门、彼此单向联系的组织模式，设立以消费者为起点又为终点，协调整个服务管理过程的循环式酒店组织。在酒店各部门之间重视信息的横向流动，创新信息交流方式，建立信息沟通的有效渠道。

5. 高层管理者的支持

酒店要实现客户关系管理，不仅要在组织上、文化上以及技术上做出调整，而且需要协调各部门之间的活动，因此，获得酒店高层管理者的支持和认同是十分必要的。没有高层管理者的参与和倡导，客户关系管理是很难实现的。

二、酒店客户关系管理的策略

（一）酒店经营者要转变管理理念

酒店的客户资源是酒店取得经济效益的基础，因此，酒店必须要广泛赢取客户资源，为客户做好服务，赢得客户的信任，从而建立长期的友好合作关系。首先，酒店经营者要转变经营管理理念。根据酒店自身的实际情况制订科学合理的发展目标（可包括长期目标和短期目标，在规划好大致发展蓝图的基础上，建立一些小目标，然后一步一个脚印谋发展），再根据目标建立合适的营销发展策略，吸引众多的客源，同时对客源进行合理的划分，进行个性化服务。在进行个性化服务之前，酒店需要对全体员工进行服务培训和指导，使他们自觉树立客户服务意识，加强客户服务理念。其次，做好核心客户的培养工作。酒店长时间的经营过程以及良好的服务态度，会赢得客户的满意，从而获得一些酒店的核心客户，即忠实顾客，对于这部分客户，酒店需要精心维护，同时做好核心客户的培养工作。比如，加强网络操作技术，建立科学稳定的网络信息系统，在网上把酒店的特色产品和优质服务以及服务理念等都展示出来，吸引顾客的注意力，同时要在保证房源的基础上，为核心客户全天候打开绿色通道——网上预订项目。此外，酒店还可以开展客户体验活动，通过客户亲身体验酒店的客房、产品和服务等项目，并对酒店进行评价，使酒店意识到经营过程中的一些不足并进行整改，从而满足更多客户的个性化需求，赢得顾客的信任和满意。最后，企业经营者要做好企业文化建设，营造一种良好的服务氛围。酒店要在企业文化的基础上，不断加强员工的服务意识和团队协作意识，从而提高酒店的服务质量，使全体员工改变传统的服务理念，相互合作，形成强大的服务合力，为顾客的多样化需求提供个性化服务，从而提高客户的满意度，促进酒店获得较好的经济效益并取得长久的发展。

（二）选择优质目标客户群体

酒店除了要对市场进行细分以外，还要对客源进行细分，根据自身的实际情况以及在市场的地位对客源进行科学合理的定位，不断挖掘具有高价值的潜在客户。优质的目标客户群体主要是指在酒店根据自身情况锁定的目标客户群体中富有强大影响力的潜在客户，酒店要积极采取独特的措施和服务与这些目标客户建立联系，并通过特定的方式吸引这些目标客户到酒店消费，如广告宣传、人员推销、客户推荐等方式。此外，要紧随时代潮流，通过熟练掌握互联网信息技术，将酒店的特色产品、优质服务甚至是新的促销活动和新产品的研发等信息通过微博、微信公众号等渠道在网上发布出来，以此提高目标客户群体的注意力，强化酒店在他们心中的地位和形象，以此获得目标客户对酒店的信赖。

（三）完善客户信息录入系统

酒店要加强客户信息的管理工作，尤其是核心客户，他们对酒店具有一定的忠诚度，是酒店长期合作的伙伴。酒店设立专门的机构，加强客户信息的收集和录入工作，对入住酒店的所有客户的信息进行分类整理，包括客户的行为习惯、爱好甚至癖好等，尤其要注意对核心客户信息的管理，使这些核心客户产生一种“家”的感觉：舒适、称心、自在。为此，酒店需要加强客户信息的归档处理工作。设立专门机构定期对各部门的客户信息记录进行回收，并把客户信息分类归档、录入客户管理系统。当客户入住酒店后，各部门员工通过所建立的客户信息可以为客户提供更具针对性的、更优质的服务。比如有的客户喜欢睡前看书，酒店服务人员就可以提前在客房准备好书籍，并在床头安置光线温和的灯；有的客户喜欢听音乐，酒店服务人员可以提前在客房里放置客户喜欢的音乐 CD；有的客户喜欢阳光充足的房间，酒店服务人员可以提前为客户预留光线好、阳光充足的客房等。只有营造一个良好的室内氛围，才能使客户体会到酒店的人性化服务，从而提高客户的忠诚度，建立长期的合作关系。

（四）提高酒店员工的整体素质

一个酒店要想得到良好的发展，除了注重酒店的产品、服务以外还需要注重员工的整体素质，因为员工的素质决定了他们对酒店政策的实施力度以及对顾客服务的质量水平和态度等，同时还可以为酒店带来额外的经济利益，保证企业稳定长远的发展。这就要求酒店经营者和管理者要加强对员工个人素质和业务素质的培养，使其在工作中增进与客户的关系，为满足客户需求而提供多样化、个性化的服务。酒店员工整体素质的提高，首先要在源头上做好控制。酒店在进行人员招聘时，除了要考虑不同岗位员工的工作能力外，还要把员工的职业道德和思想道德作为招聘的一个重要指标，聘用综合素质较高的人员。同时，还要做好员工的培训工作，不仅要提高员工的职业技能，还要加强对员工服务理念的灌输，使员工在工作中重视对客户的人性化服务。此外，还要鼓励员工加强与客户的交流沟通，及时了解客户的需求，依靠微笑服务赢得客户对酒店的高评价，促进客户依靠自己的影响力、通过自身的体验向他人积极宣传，从而帮助酒店在激烈的市场竞争中取得竞争优势。

客户关系管理对酒店的发展具有重大作用，目前我国酒店中的众多因素制约了客户关系管理工作的有效开展，这就要求酒店加大改革力度，制订科学合理的解决对策，促进客户关系管理的不断完善，保障酒店健康持续发展。

第六章　酒店营销的三大核心竞争力

第一节　酒店营销中的文化手段

一、酒店营销中的文化取向

酒店营销中的文化取向是把象征人们价值观念、审美情趣、行为导向的文化符号和内涵融入产品和企业形象中的价值理念。其营销活动的文化取向，可以减轻营销的商业气味，树立良好的企业形象。

酒店营销中的文化取向目标是通过创造良好的服务，构造良好的文化氛围，带来满意的客人，最终为酒店创造良好的经济效益，提高其可持续发展的能力。围绕这个目标，酒店营销的文化取向应在以下三个方面展开：

（一）价值观念的文化取向

酒店的服务不是简单的劳务提供，而是服务价值观念的表现方式、方法和态度，是人为人的服务，由此产生的服务意识和价值观念形成了服务文化，它已成为影响企业生存和发展的关键因素。价值观念的文化取向表现为酒店制订的服务准则、发展战略、店训等规章制度，其制订的准则应该是“客人至上”的价值观。

客人是上帝，是服务的对象。19 世纪后期欧洲最有名的瑞士籍酒店业主塞萨·里兹提出“客人永远不会错”，这是大饭店时期的饭店经营格言。另外，20 世纪初美国的酒店业主斯塔特勒提出“客人永远是对的”，这句话至今仍被酒店业主们推崇恪守。这两个观念，都要求酒店站在客人的立场上去考虑问题，给客人以充分的尊重，并最大限度地满足客人的要求，这是酒店服务的准则。每个酒店在这个准则下，对服务的方式、方法和态度均做了规定，体现了各自的服务文化取向。

（二）审美情趣的文化取向

如今的社会已经步入主题时代，各行各业都标新立异，都想创造自己独特的主题，最直观的表现就是外表形象的塑造，这种塑造传递了酒店的审美情趣。酒店除了要给客人提供色、香、味皆美的食品外，还要向客人表达有关酒店的各种信息，包括服务人员的仪表美、心灵美等，让客人一走进酒店就能体会到一种“美”的享受，而营造这种“美”的中心环节是营造和强化有审美情趣的文化氛围。这种文化氛围首先可从视觉上来营造，它的具体表现形式是通过酒店的建筑造型、内部功能布局以及室内外装饰设计和环境的烘托来创造一个文化主题。如北京京伦饭店的“四合轩”，在视觉上就传达了一种老北京古朴的民风，同时在“四合轩”还能听到北京的京戏，这里的审美情趣就是要让客人品味北京地道美食文化之美。可见，酒店营销只有朝着蕴蓄文化内涵和体现文化格调的方向发展，才能更好地满足客人的审美需求。

（三）行为导向的文化取向

有了良好的服务价值理念和良好的酒店环境，酒店付诸的便是实际的服务行为。良好的服务价值理念可以产生良好的服务行为，同时，良好的服务行为也可以树立良好的服务文化。诸如在情人节向女客人派发玫瑰花，中秋节举办烛光晚会，春节向客人赠送春联等行为，虽然只是短期的行为，却都是细致入微的服务行为，不仅树立了良好的服务文化，还培育了忠实的消费者。

二、酒店营销的文化范畴

（一）审慎合理地进行文化类型的选择

1. 主题文化

主题文化，即酒店通过对客户进行细分或者对目标市场的客户进行大致的细分，就客户的身份、喜欢的主题类型、热衷于哪些方面等进行全面的勘察，最终选取最能体现酒店文化的主题进行打造，然后提供给消费者。如以独具民族风味的民族风情文化为主题，或以绿色环保为主题，或以特定历史环境和事件为主题等，不论以什么内容为主题，都要注意将主题内涵以可视性、可感知性表达出来，要利用酒店内部一切可以利用的资源和载体，加上有创意性的设计，使主题与文化互相渗透，呈水乳交融之状。

另外，不论以什么内容为主题，一定要让主题以最简洁明了的语言体现出酒店的主题文化和酒店特色。如厦门音乐岛酒店，着力渲染的是音乐文化氛围；四川京川宾馆，凸显的是特色历史文化；香港迪斯尼好莱坞酒店，突出以音乐、电影、美术、文艺作品为素材的艺术特色；山西平遥云锦成客栈，突出表现的是晋商历史文化等。酒店在确定这些酒店主题的时候，以巧妙的方式和“异想天开”的设计将酒店的硬件设施、酒店建筑、环境设计以及产品、员工服饰等都与主题做到了很好的呼应和烘托，使酒店的整体氛围与酒店主题遥相呼应、混为一体。

2. “硬件”文化

“硬件”文化包括酒店地理位置的精心选择，自然景观的利用，历史时空环境和人文景观的设计建造，酒店建筑物的独特风格，店内硬件设施的质量、风格、样式、配套性、便利性、现代性和人性化等。比如酒店的客房是酒店的主要特色文化，所以客房里的设备和用品等最能体现一个酒店不同于其他酒店之处，当然客房最基本的需要是注意安全性、健康性、舒适感等。酒店要想拥有自己独特的酒店“硬件”文化，就需要依靠酒店的主题文化对酒店里的“硬件”进行设计，形成一种独特的韵味，体现出酒店文化的内涵和意蕴。

3. 餐饮文化

我国的饮食文化博大而精深，独具中国特色，其对饮食的考究堪称世界一流。随着经济的发展和人民生活水平的提高，现在人们对饮食的追求不单单是好吃、好看，更追求一种健康、绿色。所以酒店在创新菜品的时候，应该在食材选择、配制以及烹饪方法上形成一种全新的认识，设计出满足顾客需求的餐饮文化，并且在餐饮环境上面也要下大功夫，不仅要干净、整洁，还要体现出酒店的特色，有独特的情调。

4. 服务文化

酒店的服务属性，决定了服务文化在其竞争力中的地位。酒店服务包括情感化服务、语言服务、超值服务等。顾客到酒店消费，服务本身就是主要产品之一，从顾客走进酒店的那一刻起，就无时无刻不在接受着酒店的服务，所以提高酒店的服务文化是最直接的提高酒店形象的方法和途径。高质量的服务，需要高素质的员工来实施，并且要匹配相应的设施、服务制度与创意、服务行为、服务情感表现等，从而形成一种高质量、高品位的酒店服务文化。

5. 体验文化

通过开展一些室内活动使顾客体验某种感受或情绪，如刺激、感动、追忆等，或通过对酒店内部进行特色装饰，再现某个场景，让顾客回味，如美国热带雨林主题餐厅用高科技手段营造逼真的热带雨林生态环境，有丛林、各种猛兽凶禽、电闪雷鸣等，或将特定的房间装饰成加勒比海盗船的形状，或还原《泰坦尼克号》的经典场景等，通过独特的设计和富有独特文化内涵的主题，营造出逼真的文化氛围，使顾客真切地体验特定环境下的特定感受。

6. 社交文化

社交文化包括大型联谊会、婚宴、生日宴、朋友聚会、校庆等活动的接待，这里蕴藏着深厚的接待、服务文化，这就需要酒店培养或召集一些具有相关经验的人才，进行现场布置、主持及服务工作。在布置会场方面，要注意不同消费者和不同宴会的性质要求，设计出符合顾客社交需求同时又有创新意识的仪式、环境与娱乐项目等。

7. 民族、地域文化

我国地域辽阔，民族众多，酒店可以因地制宜，通过市场细分，选取某个为大家所喜爱的民族特色或风格进行设计，形成独具酒店特色的文化，增强酒店的吸引力，也为酒店选择了合适的市场定位。

（二）加强文化的构造和表现

酒店在经过对市场细分进行充分的分析后，并根据自己的实际情况进行市场定位，选择适合自己的企业文化类型后，为了使顾客对酒店想要突出表现的文化和主题特色在情感上或者心灵上形成冲击或共鸣，则需要酒店在企业文化的构造和表现上下功夫，使酒店文化更突出，更能体现酒店的主题特色，使消费者一听到酒店的名字就能对酒店的主题文化、特色服务等有所了解，并能被深深吸引。

所以酒店在设计酒店文化的时候需要注意以小概大，从酒店文化的构造和表现上体现出酒店的整个企业文化；要注意创新，不要跟市场上的其他酒店出现雷同，导致酒店文化的同质化，要形成自己文化的特色，从而在市场上形成自己的竞争优势；到注意投入成本，不要一味地追求奢华，要在最大限度地体现酒店文化的同时，做到成本的最低化。另外，酒店要将酒店文化一贯到底，大到酒店最高管理层，小到酒店最底层的普通员工，都能对酒店文化中所含的价值观、美学意义等有深刻的认识和理解，从而在酒店与顾客之间形成最优质的服务。

（三）注重文化的时代性

当今社会的人对文化的认同感和接受程度，是其现代性价值思维与心理因素相结合的结果。现代人性格的个性化，决定了他们对文化追求更多体现在求新、求异、求变和求美上，所以酒店在文化塑造上要更多注意到现代人的这些心理特征和变化，同时也要更多体现出文化中“人本”思想的价值观取向和文化内涵等。时代在发展，文化也要创新、要与时俱进，在适应现代人价值与心理需求的基础上，注重文化内容的时代性与创新性，只有处在文化的最前沿，才不会被人们和市场所抛弃，才能在酒店市场竞争中体现出自己独特的优势，形成自己的竞争力。

三、文化营销策略

现在顾客的行为越来越具有“文化性”，他们入住酒店不仅仅是为了物质上的满足，很大程度上是为了满足精神上的需要。他们希望自己有个性，有品位，希望得到别人的赞赏与尊敬，能够在酒店感受到“酒店味道，酒店气息”。

实施文化营销策略是让营销披上文化的西装，赋予文化的品位与灵魂。文化营销是充分运用文化力量实现企业战略目标的市场营销活动，即在酒店营销活动流程中均主动进行文化渗透，提高文化含量，营造文化氛围，以文化作媒介，与顾客及社会公众构建全新的利益共同体关系。实施文化营销策略可以从以下几方面进行：

（一）理念文化营销

理念文化是营销文化的基础，强调在营销中充分体现企业的文化理念。其核心就在于寻求为顾客所接受的价值信条作为立业之本，从而促进顾客对整个企业包括其产品的认同，最后达到酒店与消费者价值观念的共鸣。

（二）产品文化营销

把文化内涵融于酒店产品的设计、制作、包装等各个环节之中，突出酒店产品知识化特点，充分体现其文化价值。让客人感受到酒店提供的功能新颖独特的产品或营造让人流连忘返的环境氛围，给客人留下深刻的印象。

（三）环境文化营销

酒店应该把重点投向环境的设计和气氛的营造上，饭店环境的创新要不拘一格，从酒店外在的有形店景文化到店内的功能布局、设计装饰、环境烘托、灯饰小品、挂件寓意都要体现文化主题和内涵。

第二节　高质量、高品位的服务

一、酒店服务质量

（一）酒店服务质量的理论概述

随着我国酒店业竞争的日趋激烈，宾客对酒店服务质量的要求也越来越高，酒店之间的竞争更多地体现在服务质量的竞争上。酒店业的根本目标就是为客人提供优质服务，以满足客人的需求。可见，所谓酒店服务质量，是以酒店所拥有的设施设备为依托，为顾客提供服务，在使用价值上适合和满足顾客物质和精神需要的程度。主要内容包括酒店设施设备质量、实物产品质量、服务环境质量在内的有形产品质量，以及服务质量（包括礼节礼貌、职业道德、服务态度、服务技能、服务效率）在内的无形产品质量。酒店业之间的竞争与服务质量息息相关，优质的服务不但可以吸引大量客源，还可以带来经济效益，是酒店服务业竞争的核心内容，是取得竞争优势的关键。反之，劣质的服务质量不但会令人反感，给酒店造成大量的客源流失，甚至还会影响酒店辛苦建立起的良好形象，危害甚大。

（二）酒店服务质量的内容

1. 有形服务的质量

酒店有形服务的质量包括几大方面，首先是设施设备质量。设施设备是酒店经营的依托，是酒店赖以生存的基础。酒店设施设备不仅要有达到水准的使用价值，还要有美感外观和风格特色。酒店可以通过设施设备的布置给客人留下良好的第一印象。其次，酒店实物产品质量。实物产品质量如餐饮质量、商品质量、服务商品质量甚至附加商品质量等在满足顾客的过程中能直接体现出酒店的服务水平，是关键的一个环节，也是直接影响到顾客的满意度与是否能成为酒店的忠实顾客的重要一环。再次，安全状况质量。安全问题可以说是所有行业都必须注意的关键问题，酒店也不例外，甚至更宽泛，因为它包括餐饮安全、客房设施安全、顾客安全等，所以要绝对引起注意，加强防范。最后，服务环境质量。服务环境质量是最先能引起顾客满意度的一个重要方面，从顾客进酒店大厅开始，就已经开始注意酒店的环境了，包括酒店的建筑、内部的装饰风格、物件的摆放陈设等，酒店环境的优化可以在第一时间对顾客形成吸引，在顾客心理和精神上带来好的印象，从而促进顾客的消费。

2. 无形服务的质量

无形的服务是酒店塑造自己的市场形象、提高自己竞争优势的隐形力量，能为顾客提供一种优质的、享受的氛围，从而使顾客对酒店形成良好的印象，提高顾客的满意度。无形的服务即酒店产品的使用价值，包括酒店员工的服务态度、道德素质、服务效率等。

（三）酒店服务质量在酒店经营中的重要性

酒店的不同服务具有不同的质量特征，不同的质量特征分别满足宾客不同的需求。同一种服务，由于质量特征的水平不同，其适应性即满足宾客需要的程度也不尽相同。因此，酒店服务能否满足宾客的物质和精神上的需要，以及满足的程度如何，就是衡量酒店服务质量优劣的主要标志。

高质量的酒店服务能赢得更多的客户。酒店的服务水平和质量是一种无形的、长期的活动，服务质量的提高能在酒店和顾客之间形成一种良好的沟通，提升顾客对酒店的好感度，为酒店赢得更多的顾客。

高质量的酒店服务能提升企业的竞争力。酒店要想在激烈的酒店市场中形成自己的竞争优势，提高自己的酒店形象，就不应只是针对顾客的共性需求，而应看到顾客之间的差异性，对于不同的顾客给予不同的服务，随机应变，提供有针对性的服务。

高质量的酒店服务能提高酒店的经济效益。酒店作为一种典型的服务企业，是通过向顾客提供服务赢得经济效益的，高质量的酒店服务能提高顾客的满意度，使酒店拥有一批忠诚的顾客，从而为酒店赢来经济效益，提高酒店的经营利润。

（四）我国酒店服务质量存在的问题

1. 酒店整体服务意识淡薄

我国酒店业近年来发展迅速，同时存在的问题也有很多，如最重要的服务意识。酒店的服务意识强否，直接影响着酒店的市场形象和经济效益。而我国酒店业的服务意识明显还比较薄弱，特别是一些中小型酒店，把心思都放在了提高酒店的经济效益上，没有真正灌输服务理念，对顾客的服务过于表面化，导致服务质量很低。同时由于酒店管理人员缺乏对服务意识的重视，导致酒店员工服务意识淡薄，行为散漫，没有对顾客和服务有个清醒的认识，态度差、服务质量低、素质低等问题不断出现。

2. 缺乏规范有效的服务质量管理体系

目前，我国许多酒店仍然沿用传统的营销理念和管理方法，尚未形成规范有效的服务管理体系，管理效率低下，缺乏完善的管理制度，以致酒店中常出现因质量问题而引起的顾客的不满。如冬天空调制热力度不强、客房物品不全且质量差、毛巾浴巾不干净、淋浴水不热等，这些都会影响酒店的服务质量水平。同时酒店员工的道德素质、教育程度等都会影响酒店的服务质量，阻碍酒店制度的建立以及策略的实行。

3. 酒店部门间服务管理协调性较差

酒店是多个部门共同经营运行的，各部门之间的配合程度，也会影响酒店的服务水平和服务质量。我国酒店就缺乏各部门之间的默契配合，管理人员缺乏全局意识和责任感，往往只看到本部门的经济利益，而置其他部门甚至整个酒店的利益不顾，出现问题互相推脱，而不是共同解决，缺乏团队精神，这就在酒店经营中形成管理障碍，严重威胁到酒店的服务质量和经济效益。

4. 缺乏稳定的高素质酒店员工队伍

酒店的服务离不开酒店员工，可以说酒店的服务是酒店员工的直接服务，员工是与顾客直接接触的，是连接酒店与顾客的纽带，高素质、高质量的员工有较好的心理素质和服务态度，能很好地贯彻酒店的服务理念，能对顾客进行较准确的定位，并对其进行个性化服务，所以酒店员工也对酒店的高质量服务形成重要的影响。

目前我国酒店的员工队伍仍存在很多问题。首先，未树立牢固的专业服务理念。由于受传统观念的影响，大部分员工认为从事酒店服务行业，说白了就是伺候人的工作，尤其是有些相关专业的大学毕业生，认为自己拥有高学历却要和一些教育程度较低的人一起工作，而且说出去也很没有面子等，种种主观因素导致很多人不想从事这个行业，即使选择了这个行业，也只是权宜之计，流动性极大。其次，敬业精神不足。酒店属于劳动密集型企业，岗位多，人员多，而且劳动重复性大，员工每天基本上都在重复着相同的事情，加上有时得不到应有的尊重，日复一日，年复一年，无论是在身体上还是精神上都很容易出现过度疲劳，导致热情度降低，甚至离职。再次，薪酬制度激励作用不足。酒店行业的普通员工薪酬一般都很低，每天的工作相似度又极高，所以很难吸引高素质的人才，在延揽人才这方面，具有相对大的劣势，从而制约了酒店业的发展。

二、酒店服务价值增加机制

（一）切实提供高质量服务

微笑服务、礼貌服务、快速服务是高质量服务的主要体现。对于国内顾客来说，高质量服务能使其感受到被尊重，体验到自己的一些小习惯、小爱好都被酒店员工注意到，并为其做出一些特别的安排或布置，会迅速提高其对酒店的好感度，而对于外国顾客，则会缓解其身在异国他乡的孤独感，在国外也能享受到细致的关照等，使他们感受到来自中国的欢迎。

（二）实行服务项目设计创新

实行服务项目设计创新，使服务有丰富而坚实的载体。比如除了在酒店内对顾客实行服务外，对“酒店外”的顾客也可以做些什么，比如针对以往入住的顾客在酒店留下的个人信息，酒店可以设置专门的机构，在顾客生日或者节假日的时候为顾客送去生日祝福或者邮递贺卡等，体现出来自酒店的亲切问候，从而提高酒店的形象，赢得更多的忠实顾客。

（三）注重服务细节

酒店服务涉及的方面很多，如及时处理房间设备故障、点餐服务、洗衣服务、帮忙照顾宠物服务、特殊生活习惯的满足等。酒店员工应该增加服务细节，对顾客的要求做出迅速的反应，并有效解决，从而保证与顾客的需求的高度一致，最大限度保证顾客零烦恼。

（四）注重提供超值服务

超值服务的具体方式有:（1)免费服务。如免费赠送小礼品、免费书籍杂志等。（2）增加同等费用下服务的可选择性。如顾客可随意选择娱乐设施及娱乐方式。（3)制造小的惊喜。如针对顾客的不同习惯和爱好，给予不同的服务和设施等。（4）免费或低费延伸性服务项目。如帮助照看宠物、婴儿服务间、可免费延迟一定时间的退房等。

三、提高酒店服务质量的策略

（一）树立“全面质量管理”的理念

全面质量管理（Total Quality Management）简称 TQM，它是在企业内部广泛展开的、不断完善和提高企业所有的程序、产品质量的一系列步骤和方法。树立“全面质量管理”理念，有利于提高酒店的管理水平，改善酒店的外部形象，对顾客的服务也具有指导作用。

酒店全面质量管理，需要酒店全体员工和各个部门，以酒店为中心，为了向顾客提供一种最优质的服务而共同努力，协同合作，同时也形成一种团队精神和核心凝聚力，激发员工的工作热情，保证员工遵守规章制度，从而提高酒店的服务质量。酒店全面质量管理的实施还需要将其扩展到酒店运营的各个方面，包括酒店的全体普通员工、各个部门以及酒店的高层管理。酒店的高层管理人员要加强对全面质量管理的实施，将其细分至各个部门，各司其职，共同运作；各个部门要完成好各自的任务，并注重各部门之间的合作，注重部门之间的协调；普通员工则需要提高对酒店全面质量管理的认识和理解，并身体力行，积极配合酒店的制度策略，共同提高酒店的管理水平和经营效益。

（二）建立健全酒店服务质量管理体系

我国酒店业要加强酒店的管理，必须建立健全酒店质量管理体系。建立健全酒店服务质量管理体系是提升酒店服务质量管理水平的有效途径。而要建立一个健全的管理体系则需要正视酒店现存的问题，将关注点聚焦到人身上，即着重考虑“人”的因素，做到真正为人着想的服务。同时要设立专门的质量管理组织机构，凭借专业的管理人员和专业的知识水平，建立全面、科学、合理的质量管理体系，运用科学的管理方法，将酒店的各个活动都纳入管理体系中来，从而更方便也更全面地进行管理。

（三）确保酒店各部门的协调发展

酒店各部门的协调和统一发展是提升服务质量管理水平的重要因素，各部门之间应该注重合作与沟通，包括上下级之间、部门之间、部门内人员之间的沟通，以形成默契的配合。同时，酒店业的服务性质决定了酒店业劳动密集型的特点，部分工作具有很高的重复率，经常重复同样的工作，很容易使员工感到疲惫，从而降低工作热情，影响服务质量，所以酒店可以适当地对部分工作人员进行岗位调换，让他们去体验一下不同的工作类型，站在另一个角度思考问题，可以在一定程度上提高员工的工作热情，也可以促进员工之间的相互理解，从而增强团结意识。

（四）强化酒店员工的整体服务意识

酒店的全体员工都应具有高水平的服务意识，这将直接影响酒店的经营活动。要引导酒店员工树立积极的服务观念，加强服务意识的学习和培训，使服务意识存在于每个员工的思想当中。同时，酒店员工还要将这种认识和理念贯彻到具体的实践当中，将服务意识与具体实践结合起来，才能方便员工对酒店服务理念的正确认识和实施，才能更加有效地强化酒店的整体服务意识，提高服务质量管理水平。

（五）组建优质的客户服务团队

人才是一切管理的基础，有娴熟的业务能力和高度责任心的优秀人才，是提高服务质量管理水平的关键因素。高素质的酒店人才能为酒店的发展和策略的制定献计献策，无论是对其自身的发展还是酒店的发展都有积极的影响，同时高素质人才学习能力也比较强，能较快实施酒店的经营策略，使经营战略措施更快地更好地贯彻下去。所以组建一支高素质、高水平、学习型的员工队伍，对提升酒店的服务质量至关重要。

组建高质量的服务团队，首先，在招聘方面，应重视被聘人员的实际才能，按不同岗位要求选用适合的人员；其次，重视员工培训，提高员工的素质和服务技能；第三，营造团结协作、负责的组织环境，增强员工的凝聚力，坚定员工对酒店的信心，同时吸引优秀员工；第四，建立科学的激励机制，找准员工的实际需要，应用多种激励方法，如物质激励、情感激励、晋升等，以挖掘员工的潜力，调动员工的积极性，打造一支优质的服务团队，将更优的服务带给宾客，从整体上提高服务质量水平和顾客的满意度。

（六）加强酒店设施设备的配备和保养

酒店设施设备是酒店经营的依托，是酒店赖以生存的基础，是酒店服务质量的重要内容。对于提供给顾客使用的设备，如电梯、茶几、沙发等，除了注意它们的性能外，还要注意它们的安全性、操作方便性、设置合理性等。对于客房内的设置，如空调、洗浴、电话等设备，要注意定期维护保养，保证其正常运行。

（七）注重满足客人的个性化需求

个性化就是在标准化服务的基础上，根据不同客人的要求，提供有针对性的服务。由于生活习惯和消费行为的差异，消费者对酒店产品和服务的要求也不尽相同，越来越多的消费者日益追求个性化消费，希望享受到与众不同的、可以满足自己特殊需求和兴趣的酒店产品和服务。酒店应该看到顾客的这一特点，尽力满足顾客的不同需求，增加顾客的满意度，同时对顾客预留的个人信息进行保留，方便在顾客下次光临时提供更好的个性化服务。

第三节　差异化营销

一、差异化营销的概念

所谓差异化就是“不同”——顾客不同，企业提供的产品与服务就有所不同；或者即便是顾客相同，企业也要提供与其他竞争对手不同的、有差异的、更合乎顾客需求的产品与服务，为顾客创造独特的价值，以提升自己的竞争力。

差异化营销战略使酒店集团能够以较多的产品类型适应不同消费者的需求，因而有利于增加消费者对企业的信赖感，提升酒店的市场竞争能力。如酒店集团能够同时在几个细分市场中占有优势，有利于树立企业在消费者心中的形象，从而有利于经济效益的提高，能够比无差异营销产生更多的销售额；另外，采取差异性营销战略具有一定的灵活机动性，可以在一定程度上减少酒店的经营风险。

二、差异化表现

（一）存量产品价值挖掘，基本设施的多功能化

不同身份、不同地位、不同职业的酒店消费者会有不一样的消费需求，这就需要在布置酒店分布、安装酒店设备的时候能够提前预料到各种情况的发生，在节省成本的情况下，尽量满足顾客的个性化需求，此时可以发展“一物多用”，即同样的产品或设施，在进行重组改装后能产生其他的效用。如将酒店客房整改后可以作为商务会所，方便客人进行商务活动、举办会议等活动，或者将客房内的桌子进行拆合，可以作为麻将桌或台球桌等，如此将同一件物品或设备重组后作为一个新的物品和设备，这样既能节省酒店的成本，还能方便顾客开展其他项目，方便顾客需求的延展。

（二）充分利用酒店在传统经营方式中不常利用的硬件资源

硬件资源指场地、室内设备等，在原有产品和项目的基础上增加产品或项目，以提高性价比。比如在酒店客房的墙上挂上一定规格的幕布，再设置投影仪，关掉灯后顾客可以享受移动电影院的快感；或在酒店的长廊上悬挂著名艺术家的绘

画作品或摄影作品，供客人闲暇时候欣赏；或者应部分客人的要求，把部分客房布置成 KTV 的样子，并增加音响设备，不过需要加强注意房间的隔音效果，防止打扰到其他房间的顾客休息；或将酒店布置成具有特色的民族风格，使顾客住店的同时还能享受到其他风俗文化等。

（三）实行原产品和服务项目的改进创新，直接增加顾客价值

增加顾客价值指提高顾客的服务享受，即在享受普通的住宿条件的基础上享受一些附加服务或提高服务的可选择性。比如为顾客提供免费的儿童床等婴幼儿设施，免费为顾客提供狗舍，为外国顾客提供一对一服务，对酒店产品如餐饮、洗漱用品等的可选择性，这样可以为顾客提供足够大的自由，使其居住更安心、更舒适。

（四）与相关行业产品或服务项目联合起来，并实行优惠价格

与相关行业产品或服务项目相联合，可以刺激目标顾客的消费，如接受旅游团、公司集体出游、小学生夏令营等团体的集体住宿，并对其提供优惠的价格，这样可以提高酒店的经营效率，并为酒店赢得固定的团体住宿：因为如果与旅游团体建立稳定的联系，每次旅游团队都入住这个酒店，酒店承诺为其提供优惠，便会获得该旅游团长久的或者是一段时间的入住，获得了忠实顾客的同时，也为酒店赢来利润。

（五）增加特别优惠项目

酒店可以增加一些特殊的优惠项目来吸引顾客，比如鼓励办会员卡，每消费一次便会有一定的积分，当积分达到某个程度时，便会有一些优惠，如赠送小礼品、入住酒店打折、免费入住酒店一次等，以此形式，可以在至少一段时间内赢得顾客的绝对忠诚，从而为酒店带来经济利润。

酒店如果能够切实做到以上方面，并能不断改进或进行革命性创新，就可形成自身稳固的核心竞争力，进而形成能不断打造和保持其核心能力的动态能力。

三、酒店差异化中的变量

（一）目标顾客的差异化

营销的对象是顾客，目标顾客差异化是酒店差异化营销的基础。如果酒店明确限定自己的服务对象，酒店的设施与服务都只针对某一类独特的顾客群体而设，

能够更有针对性地满足这类顾客的需求，形成与众不同的竞争优势，从根本上实现营销的差异化。例如在瑞士有一家女士饭店，只有28个房间，除大堂接待区外，宾馆内的任何区域都不准男人进入，宾馆的所有工作人员都是女性，宾客可以穿着晨衣从自己的卧室到楼顶的健美美容中心，随意溜达等；再如地中海俱乐部，这家度假型酒店集团最早期的目标顾客群体是一些希望忘记城市的喧嚣以及工作中烦恼的单身者，为此地中海俱乐部旗下的度假酒店一直在努力营造一种与日常生活不同的人际氛围和自然环境，在这种环境中争取做到没有所谓的界限、规则或者约束，并以此种经营模式获得了上述人群的欢迎，最终以“单身者的天堂”这一形象屹立于酒店行业数十载；除此之外，还有一些老年公寓、青年旅馆等都是在目标顾客差异化后所推出的酒店类型。

在差异化营销的要求下，酒店还必须了解每一位顾客的不同需求，以实现酒店的个性化服务。在酒店经营的过程中，差异化表现为特色化与个性化两方面，其中个性化是指酒店应重视顾客之间的个性化差异，针对顾客的个性化差异提供个性化的服务。在传统的酒店经营模式下，由于信息传递手段和渠道的制约，信息交换不及时，酒店很难把握顾客的差异化需求。随着科学技术的不断进步，现代酒店可以利用信息化手段，建立自己独有的客户档案与资料库，以便定期进行客户调查与研究，有效地了解顾客的差异化需求，进而为顾客提供定制的差异化服务和产品。

（二）环境差异化

酒店的环境要素包括地理位置或区位，酒店的外部环境、酒店本身的建筑物、装修、布局、设备、气氛等，酒店可以从这些要素出发，精心设计，以实现环境差异化的目标，形成自己的特色。

地理位置或区位的选择对酒店的成功起至关重要的作用。目标市场不同，酒店选择的地理位置侧重点就会有所不同，如果酒店在选址时能够另辟蹊径，有时可能会起到令人意想不到的效果。例如在荷兰夫里斯兰省有一家灯塔旅馆，位于哈林根市灯塔的最高处，由于灯塔高21米，又位于哈林根的市中心，入住酒店后可以将全城景观尽收眼底，视野极佳，因此旅馆的生意极好。由此可以看出，酒店地理位置的选择具有明显的差异性，也能为酒店经营带来一定的竞争优势。

外部环境具有独特的风貌也是酒店获得差异化竞争优势的来源之一。许多顾客在入住酒店时都会非常重视酒店周边环境为自身带来的愉悦享受，脏、乱、差或者毫无特色的外部环境势必会降低酒店本身的吸引力，反之，风景如画或者别样风味的外部环境在吸引游客方面更具吸引力。另外，建筑物本身的外观形状在某种程度上也可以形成酒店自身的独特差异化优势，加上酒店内外的装修、布局、设备等，以及之前所论述的外部环境，将上述要素有机地融合在一起，往往会产生别出心裁的差异化效果。

（三）有形设施的差异化

对于同一行业的竞争对手来说，产品的核心价值是基本相同的，所不同的是企业为宾客提供的产品形式与质量；而对于酒店行业而言，为住客提供睡觉休息的房间与床是最根本的，但如果经营者认为自己仅仅提供一张床和一间普通的房间就足够了，那就大错特错了。如果酒店在房间设计以及用品配置方面没有任何的独特之处，势必会面临同质化的局面，最后在激烈的竞争之中被淘汰出局。酒店要实现营销的差异化，主要应当从有形设施的差异化处入手，通过设计独具风格的房间，配备一些既比较有新意同时也更人性化的设备与用品来突出自己的与众不同，更容易获得顾客的认可。

1. 房间设计的差异化

酒店有形设施的差异化首先表现在房间的设计与装修、装饰方面，独特的房间设计与装修甚至是怪异的创意可以给人以新鲜感，为顾客创造一种别样的住宿环境，从而吸引宾客入住。房间设计的差异性可以凭借多种元素来实现，比如房间形状与众不同，房间内的设施摆放不按常理，家具及整个房间的颜色别出心裁等等。有时酒店还可以把某一类主题作为主打线索，设计出不同的客房，形成系列产品，这种做法在酒店行业推行也会取得令人欣喜的效果，如比较有名的树屋旅馆、镜屋、客舱、鸟窝、太空飞碟等。

房间设计的独特性不仅可以通过设计环节来实现，还可以通过房间的装修及装饰，包括房间内的窗帘、沙发、抱枕、桌布、椅布、地毯以及被单、枕头、床罩、墙上装饰画或者室内配置的各种玩具、物品甚至摆设物件等软装饰物品的精心设计，使房间呈现出与众不同的风格与特色等。另外，房间内卫生间的设置也可以成为差异化经营的突破点，这一空间最容易被人们忽视，但又是生活中最关键的地方，在这部分进行一些匠心独具的设计所取得的效果往往是出人意料的。

2. 设施及用品的差异化

住宿期间的舒适度是客人无止境的追求，要令客人在住店期间感觉舒适无比，除了要在装修装饰、环境氛围等方面精心设计，创造出温馨宜人且独具风格的住宿环境外，设备用品的配备也不容忽视。酒店在设施及用品方面突显独特性，可以形成自己差异化竞争优势。

3. 设施及用品的差异化

设施及用品的配备不仅需要表现在外观及颜色方面，更应该在功能方面有所体现。例如现在多数酒店一般都把紧急呼叫按钮安装在客房卫生间的墙上，而在海南博鳌索菲特酒店客房的卫生间里，却将紧急呼叫装置设置在浴缸上方，并以绳子的形式出现，这种设置更有利于突发情况时顾客紧急呼叫。

在配备客房的设施与物品时，酒店必须充分洞察消费者的潜在需求，根据消费者的潜在需求去进行设计。有时一个非常细小的变化就有可能体现出酒店对宾客的良苦用心。比如中国某家酒店将标准客房里客人用的拖鞋分成两种颜色，一种是常用的白色，一种是粉红色，这样当有两位客人同住一个房间时，他们穿拖鞋不会出现混淆的情况，即便一位客人脚部有传染疾患，也不至于传染给另一位客人。在此案例的启发下，酒店可以有更多的思考，比如可以把客人用的毛巾、浴巾、睡裙、茶杯等分成两种颜色，以便客人更好地区分，从而形成差异化的酒店产品。

4. 服务的差异化

酒店差异化营销最重要的变量是服务差异化。服务是酒店产品的重要组成部分，酒店产品的差异化是基于消费过程的差异化，而酒店为客人提供的服务与客人的消费是同步的，因此酒店差异化的内容包括宾客消费过程的差异化，优势的实现途径包括服务差异化。

要形成服务的差异化，一定要从消费者的角度，弄清楚顾客是怎样看待服务的。顾客和服务人员之间是互动关系，良好感知服务质量具有重要意义。酒店服务差异化要紧紧围绕服务质量的构成要素进行考虑，为使服务差异化体现出来，在服务人员、服务技术、服务过程和服务环境等方面设法与竞争者产生明显区别，是形成服务差异化的基本思路。

在服务人员的挑选上打破一般酒店的经营思路，有时会令顾客感觉到比较新奇，从而形成深刻的消费印象，因此服务人员的差异化有时也可以视为服务差异化的一部分。在菲律宾首都马尼拉有一家侏儒旅馆，其男女服务员的身高都在67 厘米到 134 厘米之间，这些独特的服务人员给酒店带来了大量的客流，许多宾客都想到酒店一探究竟，看如此众多的侏儒服务员到底是如何提供热情周到的服务的，因此这家酒店开业以来生意一直都很不错。由此例可以看出，在酒店服务人员的挑选上，突破传统思维方式，改变“以俊男靓女为服务人员主要构成”的现象，由一些具有独特特点的人群组成对客服务的群体，可以形成酒店的特色。

在服务人员的选择上，酒店还可以另辟蹊径，选择非人类服务员，以它们的独特特征吸引宾客。例如智利首都圣地亚哥有一个动物餐厅，除收银员与厨师外，其余服务工作全部由鹦鹉、猴子、小狗等小动物承担。

（二）服务项目与服务流程的差异化

酒店的服务是系列化的，服务项目与服务流程有着系统的业内规定。近几十年来，随着酒店业的成熟，旅游者权益意识的进一步加强，国际上越来越多地采用各种统一标准来规范酒店产品与服务，因此酒店业形成了系统的、规范的服务等流程与服务项目。在部分酒店经营者的眼中这些服务流程与服务项目几乎是不可变的，然而这种思路并不正确，只有根据顾客特点及其需求精心设计的服务流程与项目才是受顾客欢迎的。例如经济型酒店根据顾客需要——有的顾客注重价格以及住宿感受而对餐饮娱乐品等服务无感，则取消了歌舞厅等服务设施，也有一些酒店会在服务项目上采取加法，即根据顾客需求有重点地推出一些新的服务项目等。

在经营方面日益规范成熟的酒店业，服务流程的差异化是比较难以实现的，这就要求酒店工作人员更精心地研究顾客需求，并且针对需求加以创新。例如，多数客人在酒店都会经历“预订—机场接机—酒店前台入住登记—住宿期间服务—离店结账—送机”这样的服务流程，在这一服务链中，接待并为客人办理入住登记手续一般被认为是在酒店大厅前台处进行的一项工作，但为了方便宾客，减少客人在前台等候的时间，有些酒店将接待处设在机场，服务流程上的差异化，不仅可以体现出新鲜感，也能提高办事效率，节省酒店和顾客的时间。

参考文献

[1] 徐丹妮．酒店营销观念探讨 [J]．湖南商学院学报，2004，11（6）：44–45.

[2] 何建民．现代酒店营销实务 [M]．沈阳：辽宁科学技术出版社，1999.

[3] 彭翠珍．论酒店营销中的内部关系营销 [J]．岳阳职业技术学院学报，2004，19（4）：62–66.

[4] 唐代剑，黎彦．体验经济背景下酒店营销策略创新 [J]．江苏商论，2009（12）：36–38.

[5] 许俊．经济型酒店营销战略研究 [D]．扬州大学硕士学位论文，2009.

[6] 姜华，姜锐．"互联网 +"背景下的酒店营销策略探析 [J]．商场现代化，2015（23）：76–79.

[7] 刘辉．基于新媒体环境下的酒店营销策略研究 [J]．现代营销（下旬刊），2017（12）：86.

[8] 杨德良．酒店管理中营销策略存在的问题及对策 [J]．企业改革与管理，2017（24）：80.

[9] 范伟松，李晓丹．"互联网 +"背景下经济型酒店营销模式研究 [J]．旅游纵览（下半月），2017（05）：93.

[10] 刘安然．深圳酒店发展及其营销策略研究 [J]．现代交际，2016（19）：57–58.

[11] 罗京．移动互联网背景下的星级酒店营销策略研究 [D]．天津科技大学硕士学位论文，2017.

[12] 马艳国．酒店营销的内涵和管理探究 [J]．商场现代化，2016（28）：65–66.

[13] 赵丽娜．互联网思维下 ND 酒店营销策略创新研究 [D]．兰州理工大学硕士学位论文，2016.

[14] 孔英丽．论酒店营销的非价格竞争 [J]．北方经贸，2015（07）：303–304.

[15] 方中禹．浅析新经济环境下的酒店营销策略 [J]．现代经济信息，2015（13）：83.

[16] 丁锋，赵鹏．对当下酒店营销的若干思考 [J]．商，2015（10）：97.

[17] 张淑云．新媒体下的酒店营销策略分析 [J]．新闻战线，2015（04）：173–174.

[18] 王小会．新经济环境下的酒店营销策略研究 [J]．对外经贸，2014（08）：121–122.

[19] 牛艳君．浅谈现代酒店营销 [J]．商业文化，2014（17）：56–57.

[20] 阴洁．互联网时代的酒店营销新方式 [J]．河南科技，2014（10）：241.

[21] 周欣，王新驰. 民族文化主题酒店营销策略研究 [J]. 贵州民族研究，2013，34（06）：127–130.
[22] 党育. 中小城市酒店管理中的营销推广 [J]. 黑龙江科技信息，2013（35）：293.
[23] 陈潜. 酒店营销理念和方式面临变革 [N]. 中国旅游报，2013–11–20（006）.
[24] 王芳. 如家经济型连锁酒店营销策略研究 [J]. 才智，2013（25）：272–273.
[25] 周欣. 酒店营销过程中市场拓展战略运用 [J]. 长江大学学报（社科版），2013，36（06）：62–63.
[26] 张青. 主题酒店营销渠道的设计与管理 [J]. 饭店现代化，2013（04）：44–48.
[27] 凡丹. 基于生态产业链理论的酒店营销模式的构建 [J]. 咸宁学院学报，2012，32（09）：22–23.
[28] 万雯. 绿色酒店营销策略浅析 [J]. 旅游纵览（行业版），2012（06）：38.
[29] 黄鹂. 浅析星级酒店的营销“误区”[J]. 中国集体经济，2012（10）：71–72.
[30] 包羽. 网络技术在酒店营销中的应用 [J]. 现代经济信息，2012（06）：106–107.
[31] 辛蕾. 新时期酒店营销研究 [J]. 现代经济信息，2012（01）：45.
[32] 唐晓鸥. 现代酒店新型营销策略浅析 [J]. 吉林省经济管理干部学院学报，2011，25（05）：50–53.
[33] 王仓卓. 酒店营销的网络口碑捷径 [J]. 互联网周刊，2010（14）：58.
[34] 欧阳驹，章卓尔. 体验经济背景下酒店营销创新探讨 [J]. 中国商贸，2010（02）：135–136.
[35] 熊晶. 商务酒店营销策略研究 [D]. 山东大学硕士学位论文，2009.
[36] 王丽敏. 基于风险视角的酒店营销方法探讨 [J]. 科技信息，2009（26）：569、573.
[37] 王敏. 酒店销售模式的探讨 [D]. 首都经济贸易大学硕士学位论文，2009.
[38] 许俊. 经济型酒店营销战略研究 [D]. 扬州大学硕士学位论文，2009.
[39] 张健，薛博，崔建凤. 21 世纪酒店营销主流——绿色营销 [J]. 中国市场，2009（10）：47–48.
[40] 王继哲. 自然村度假酒店营销策略研究 [D]. 吉林大学硕士学位论文，2008.
[41] 李娜. 酒店营销过程中存在的问题及对策 [J]. 中国市场，2008（01）：71–72.
[42] 曹艳芬. 论提升酒店竞争力的营销策略 [J]. 宁波职业技术学院学报，2007（06）：23–25.
[43] 曹艳芬. 论提升酒店竞争力的营销策略 [J]. 职业圈，2007（18）：32–33.
[44] 金华. 浅谈酒店营销方法与手段 [J]. 科技资讯，2007（14）：172.
[45] 金怀玉. 当前我国酒店营销的现状、问题及对策 [J]. 生产力研究，2007（07）：130–132.

[46] 葛震宇．试论经济型酒店营销策略 [D]．南京理工大学硕士学位论文，2006.
[47] 彭翠珍．论酒店营销中的内部关系营销 [J]．岳阳职业技术学院学报，2004（04）：62–66.
[48] 徐丹妮．酒店营销观念探讨 [J]．湖南商学院学报，2004（06）：44–45.
[49] 浙江莫干山大酒店总经理李林生．酒店营销与产品创新 [N]．华东旅游报，2004–07–08（003）.
[50] 陈首丽，刘为国．酒店营销策略设计与策划 [J]．统计与决策，2003（05）：95.
[51] 王国秀．我国目前酒店营销的一些误区及其突破 [J]．芜湖职业技术学院学报，2002（01）：92–94.
[52] 谢朝武，郑向敏．酒店节假日营销对策初探 [J]．桂林旅游高等专科学校学报，2001（02）：15–18.
[53] 俞惟钢．我国现代酒店营销模式之探讨 [J]．旅游研究与实践，1995（04）：2–7.